ひとりでできる行政監視マニュアル

矢野輝雄 著

緑風出版

はじめに

ひとりでできる行政監視マニュアル

　全国各地で活発な行政監視活動（市民オンブズ活動）が始まって10年余りになりますが、自治体の公務員の官官接待という名の私的飲食は表面上は減ったものの、新聞紙上でしばしば報道されるように架空伝票を使用した裏金作りなどの発覚しにくい手口で相変わらず税金の無駄遣いが日常的に行われているものと思われます。

　こうした税金の無駄遣いは、本来、各自治体の監査委員や議会が監視する必要がありますが、監査委員や議会が正常に機能していません。かつて、市民オンブズ団体は、「眠る議会と死んだ監査委員」と言っていましたが、正にその通りの状況になっています。住民監査請求をした多くの住民は、「監査委員は、行政の防波堤に成り果てている」と怒っています。住民からの住民監査請求に対して何かと屁理屈をつけて全て認めないのです。何十年ぶりに住民の請求を認めたという新聞記事が出るくらい監査委員は機能していないのです。ただ、役立たないと言われている住民監査請求でも「大量に」提出することによってのみ行政監視の成果が上がるものと確信しています。

　本書では、次の「ひとりでできる行政監視手法」を説明しています。
(1)　自治体と国の情報公開制度（第1章）
(2)　非公開処分に対する不服申立制度（第2章）
(3)　住民監査請求の制度（第3章）
(4)　非公開処分の取消訴訟や住民訴訟の仕方（第4章）
(5)　公務員の個人責任の追及の仕方（第5章）
(6)　その他の行政監視の手法（第6章）

　第1章の「自治体と国の情報公開制度」では、自治体（都道府県と市町村）の情報公開条例や国の情報公開法に基づく情報公開請求の仕方を説明しますが、情報公開制度の利用こそが、費用や手間のかからない最も強力な行政監視活動

となります。

　第2章の「非公開処分に対する不服申立制度」では、情報公開請求に対して行政文書の非公開処分を受けた場合の非公開処分をした行政機関やその上級行政機関への不服申立の方法を説明しますが、第三者機関の審査を受けることになっていますから、筆者の経験では数パーセントの割合で不服申立が認められる場合があります。あまり役立たない制度ですが、費用も手間もかかりませんから、非公開処分を受けた場合は必ず不服申立をします。

　第3章の「住民監査請求の制度」は、自治体職員の違法または不当な公金支出などの財務会計行為について損害の補塡（ほてん）、事前の防止その他の必要な措置を監査委員に対して請求する制度ですが、監査委員が行政側の言いなりになるため成果の出にくい制度です。しかし、筆者の経験では、監査委員が請求を認めた例もあり、多数の住民監査請求を提出することにより一定の成果は出ると確信しています。

　第4章の「非公開処分の取消訴訟や住民訴訟の仕方」では、本人訴訟（ほんにんそしょう）の仕方を説明しますが、経済的余裕がある場合でもこれらの訴訟を弁護士に依頼をすることは困難になっています。弁護士法には、医師の診療義務のような応諾義務の規定がありませんから、訴訟代理人の依頼を断られる場合が多いのです。弁護士法によって法律事務を独占しておきながら、応諾義務の規定がないことは立法の不備ですが、訴訟の手続は簡単ですからサラリーマンでも月1回程度の休暇のとれる人は自分ですることができます。良い弁護士を探すことは四つ葉のクローバーを探すように困難なことですし、かりに良い弁護士がいたとしても良い裁判官に当たるかどうかは分からないのです。どんな良い弁護士に依頼しても、良い裁判官に当たることは、ほとんど期待できないのです。裁判官は誤った判決を出しても何らの責任を問われない気楽な職業ですが、弁護士は、自分の能力や努力と無関係に誤った判決を出されるのですから、常に欲求不満のたまる職業といえます。

　第5章の「公務員の個人責任の追及の仕方」では、公務員の犯罪に対する告発の仕方や公務員の懲戒処分の制度について説明します。公務員の犯罪には、公金を内容虚偽の公文書を作成して裏金にする行為（ウソの印刷物の作成、カラ出張、カラ雇用その他）が多いのですが、その裏金を私的飲食などに費消する犯罪も多いのです。

　第6章の「その他の行政監視手法」では、請願法の利用方法、地方議会に対

する請願や陳情、公務員の違法行為を原因とする国家賠償請求訴訟、行政監視活動のマスコミ発表の仕方、市民オンブズ団体の結成の仕方などについて説明します。

　以上に述べた各行政監視手法を組み合わせることによって大きな成果を得ることができます。ただ、最も簡単で、最も効果のある行政監視手法は、情報公開制度の利用です。情報公開制度の利用は、費用も手間もかからず、行政監視活動の最初にして最終的な手法といえます。

　本書によって行政監視活動に大きな成果を挙げられるよう期待しています。

平成17年3月

　　　　　　　　　　　　　　　　　　　　　　　　著　者

第1章

情報公開制度は、どのように利用するのですか
11

- **Q 1** 自治体の情報公開条例は、どんな仕組みになっていますか……13
- **Q 2** 国の情報公開法は、どんな仕組みになっていますか……………20
- **Q 3** 情報公開請求書は、どのように書くのですか…………………25
- **Q 4** 情報公開請求をする文書の特定は、どのようにするのですか……………………………………………………………………30
- **Q 5** 非公開とされる情報には、どんなものがありますか…………35
- **Q 6** 公開される日の対応は、どのようにするのですか……………39
- **Q 7** 情報公開制度は、どのように利用するのですか………………42

第2章

情報公開請求に対する非公開処分には、どのように対応するのですか
49

- **Q 8** 非公開処分への対応の仕方には、どんなものがありますか……51
- **Q 9** 非公開処分に対する「異議申立書」は、どのように書くのですか……………………………………………………………………55
- **Q10** 非公開処分に対する「審査請求書」は、どのように書くのですか……………………………………………………………………60
- **Q11** 行政不服審査法による異議申立や審査請求は、どのように処理されますか………………………………………………………64
- **Q12** 情報公開請求の決定を長期間放置された場合は、どうするのですか………………………………………………………………68

第3章

住民監査請求制度は、どのように利用するのですか

- Q13 住民監査請求とは、どんな制度ですか……73
- Q14 住民監査請求ができる者は、どのようになっていますか……76
- Q15 住民監査請求の対象者と対象となる事項は、どのようになっていますか……78
- Q16 住民監査請求の請求期間は、どのようになっていますか……84
- Q17 住民監査請求書は、どのように書くのですか……86
- Q18 住民監査請求は、どのように処理されますか……90
- Q19 住民訴訟とは、どのような制度ですか……93

第4章

非公開処分の取消訴訟や住民訴訟は、どのようにするのですか

- Q20 訴訟の仕組みは、どのようになっているのですか……99
- Q21 訴えの提起は、どのようにするのですか……102
- Q22 訴状を提出した後は、どのように処理されますか……110
- Q23 答弁書とは、何ですか……114
- Q24 口頭弁論期日は、どのように進められるのですか……120
- Q25 準備書面は、どのように書くのですか……127
- Q26 証拠調べとは、どういうことですか……130
- Q27 証拠調べの申し出は、どのようにするのですか……134
- Q28 判決の言渡しは、どのようにするのですか……150
- Q29 上訴の手続は、どのようにするのですか……152

- Q30 その他の手続には、どんな手続がありますか 161
- Q31 非公開処分の取消訴訟と住民訴訟で注意することは、どんなことですか 170

第5章
公務員の個人責任の追及は、どうするのですか
177

- Q32 公務員の犯罪に対する告発は、どのようにするのですか 179
- Q33 告発に対して不起訴処分とされた場合は、どのようにするのですか 187
- Q34 公務員が刑事責任を負う場合には、どんな場合がありますか 194
- Q35 公務員の懲戒処分は、どのように求めるのですか 200
- Q36 虚偽告発の罪とは、どういうものですか 204
- Q37 国家賠償法で公務員の個人責任の追及はできますか 205
- Q38 裁判官に対する訴追請求は、どのようにするのですか 208

第6章
その他の行政監視の手法には、どんなものがありますか
211

- Q39 請願法に基づく請願制度は、どのように利用するのですか 213
- Q40 地方議会に対する請願や陳情は、どのようにするのですか 216
- Q41 国家賠償法は、どのように利用するのですか 220
- Q42 行政手続法は、どのように利用するのですか 226
- Q43 行政事件訴訟法の行政事件訴訟には、どんな種類がありますか 229

Q44 行政監視のためのマスコミ発表は、どのようにするのですか..................233
Q45 自治体からの情報収集は、どのようにするのですか..................236
Q42 オンブズ団体の結成は、どのようにするのですか..................239

巻末資料

241

巻末資料1 国家賠償請求訴訟(1)..................243
巻末資料2 国家賠償請求訴訟(2)..................247
巻末資料3 控訴理由書の書き方マニュアル..................249
巻末資料4 上告理由書と上告受理申立理由書の書き方マニュアル..................252

第 1 章●
情報公開制度は、
どのように利用するのですか

Q1 自治体の情報公開条例は、どんな仕組みになっていますか

1 情報公開条例とは

　情報公開条例とは、自治体（都道府県と市町村）の住民に行政機関の保有する情報を開示させる権利を保障した条例をいいます。条例とは、都道府県や市町村の議会が制定する法規をいいます。公開条例の名称は、自治体によって異なりますが、一般に「○県情報公開条例」とか「○市公文書公開条例」といった名称が付けられています。

　日本で最初に公開条例を制定した自治体は山形県金山町で「金山町公文書公開条例」が昭和57年4月から施行されましたが、都道府県レベルでは「神奈川県の機関の公文書の公開に関する条例」が昭和58年4月から施行されて、平成15年4月までに全国平均で約90％の自治体が情報公開制度を設けています。

　公開条例を制定していない自治体では行政内部の要綱（行政機関の内部規定）に基づいて行政文書の開示を行っている場合もありますが、要綱の場合は公開条例とは異なり、住民に公開請求権という権利を認めたものではないので、行政文書が非公開とされた場合に裁判所に非公開の取消を請求することができないのです。

2 各自治体の情報公開条例の主な規定

　各自治体の情報公開条例の規定のうち、次の規定がどのようになっているかを確認しておくことが重要です。自治体によって異なりますから、公開請求を行う前に自分の住所地の都道府県と市町村の情報公開担当課で①情報公開条例、②情報公開条例施行規則、③情報公開請求書用紙を入手することが先決です。一般にこれらのコピーは無料で交付していますが、有料コピーの自治体もあります。

　(1) 実施機関の範囲は、どのようになっているのか
　　　実施機関とは、知事、市長、教育委員会その他の執行機関や議会をいいます。情報公開条例の対象とされる行政機関や議会のことです。議会だけ

の別の情報公開条例を制定している自治体もあります。

(a) 都道府県の場合の実施機関の例には次のような機関があります。

> 知事、教育委員会、公安委員会、警察本部長、選挙管理委員会、人事委員会、監査委員、地方労働委員会、収用委員会、海区漁業調整委員会、内水面漁場管理委員会、公営企業管理者（例えば、水道事業管理者）、議会

知事には、出先機関の長（例えば、土木事務所長、土地改良事務所長）も含まれます。出先機関の保有する行政文書については出先機関の長あてに公開請求書を提出します。

(b) 市町村の場合の実施機関の例には次のような機関があります。

> 市町村長、教育委員会、選挙管理委員会、公平委員会、農業委員会、監査委員、固定資産評価審査委員会、公営企業管理者（例えば、水道事業管理者）、議会

(2) 行政文書（公文書、情報）の範囲は、どのようになっているのか

情報公開条例では、公開請求の対象する情報のことを行政文書とか公文書とかいい、公開請求ができる範囲を次例のように規定しています。自治体によって行政文書（情報）の範囲は異なりますが、国の情報公開法（正式には、行政機関の保有する情報の公開に関する法律）の施行された平成13年4月以降に制定または改正された条例では、多くが情報公開法の行政文書の定義に準じた次のような内容となっています。

> この条例において「行政文書」とは、実施機関の職員が職務上作成し、又は取得した文書、図画及び写真（これらを撮影したマイクロフィルムを含む）並びに電磁的記録（電子的方式、磁気的方式その他人の知覚によっては認識することができない方式で作られた記録をいう）であって、当該実施機関の職員が組織的に用いるものとして、当該実施機関が保有しているものをいう。ただし、次に掲げるものを除く。
> (1) 県公報、新聞、雑誌、書籍その他不特定多数の者に販売すること

> を目的として発行されるもの
> (2) 県立の図書館・博物館・公文書館その他の施設において一般の利用に供することを目的として管理されているもの

① 上例は標準的な条例の内容ですが、行政文書の範囲を文書のほか図画、写真、マイクロフィルム、電磁的記録（録音テープ、ビデオテープ、フロッピーディスク、ハードディスク、ＣＤその他の記録媒体）も含めています。自治体によっては、これらの一部しか対象にしていない条例もあります。
② 上例の「行政文書」の要件は次の3要件を満たすものに限られます。
　ア　実施機関の職員が職務上作成し、又は取得した行政文書であること
　イ　当該実施機関の職員が組織的に用いるものとして、当該実施機関が保有しているものであること
　ウ　情報公開条例の適用除外とされているものでないこと
③ 情報公開制度に消極的な遅れた自治体では、行政文書の範囲を狭くするためにいまだに「決裁又は閲覧の手続が終了したもの」という要件を加えています。

(3) 情報公開請求権者の範囲は、どのようになっているのか
　情報公開制度に積極的な自治体では、「何人も、この条例の定めるところにより、実施機関に対し、当該実施機関の保有する行政文書の公開を請求することができる」と規定して、情報公開請求権者の範囲を「何人も」としています（例えば、高知県）。しかし、遅れた自治体では、情報公開請求権者の範囲を次例のように制限しています（例えば、香川県）。

> 次に掲げるものは、実施機関に対し、行政文書の公開を請求することができる。
> (1) 県の区域内に住所を有する個人
> (2) 県の区域内に事務所又は事業所を有する個人及び法人その他の団体
> (3) 県の区域内の事務所又は事業所に勤務する者
> (4) 県の区域内の学校に在学する者
> (5) 前各号に掲げるもののほか、実施機関が行う事務又は事業に関し利害関係を有するもの

(4) 非公開情報の範囲は、どのようになっているのか

　各公開条例には非公開情報の範囲を詳細に規定していますが、一般的には次例のような情報が非公開情報とされています。ただ、公開請求をするに際しては、公開請求者が非公開情報に該当するか否かを判断する必要はありません。実施機関あてに公開請求書を提出すると実施機関が非公開情報に該当すると判断した場合には「非公開決定」の行政処分がなされて公開請求者へ通知されます。非公開処分に不服のある公開請求者は、本書第2章に述べる不服申立（異議申立か審査請求）をしたり、第4章に述べる非公開処分の取消訴訟を提起することができます。

> ① 個人情報（例えば、個人の氏名・住所・生年月日・所得額・学歴その他）
> ② 法人情報（例えば、生産や販売上のノウハウ、経理・人事の情報その他）
> ③ 国や他の自治体との協議・審議などの情報で開示することにより協力関係が著しく損なわれることが明らかな情報
> ④ 自治体の事務や事業に関する情報で開示することにより監査・検査・試験・契約・交渉その他の公務の執行に著しい支障を及ぼすことが明らかな情報
> ⑤ 開示することにより犯罪の予防・鎮圧・捜査、公訴の維持、刑の執行その他の公共の安全と秩序の維持に支障を及ぼすおそれがある情報
> ⑥ 自治体の機関の要請を受けて個人や法人から開示しないとの条件で任意に提供された情報
> ⑦ 法令や権限のある大臣の指示等により開示できないとされている情報

(5) 開示の手数料は、どのようになっているのか

　行政文書の開示の手数料は、大別すると①閲覧の手数料と②写し（コピー）の交付の手数料に分かれますが、①閲覧の手数料は一部の情報公開制度に消極的な遅れた自治体を除き無料とされています。ただ、遅れた自

治体では、1件の行政文書につき200円としたり、公益目的の開示請求の場合のみ無料とする自治体もあります。

　一方、②写し（コピー）の交付の手数料は、自治体によって異なりますが、おおむねＡ３サイズまで1枚10円または20円とされています。録音テープ、ビデオテープ、フロッピーディスクの複製料も自治体によって異なりますから、公開条例や公開条例施行規則で確認しておきます。

3　情報公開条例の一般的な仕組み

　情報公開条例の一般的な仕組みは、次のようになっています。

行政文書公開請求書の提出	公開請求書を各自治体の情報公開担当課へ提出する。提出方法は郵送でもよく、自治体によってはFAXでもよいとしている。
↓	
公開請求書を行政文書保管課へ回付	公開請求書に不備がある場合は、情報公開担当課または行政文書保管課からの通知により訂正する。
↓	
行政文書保管課から公開請求者に決定内容を通知	実施機関の名義による「決定」の通知書が公開請求日から原則として15日以内に送付される。
↓	
公開の通知を受けた者は閲覧および写しの交付	閲覧日時は決定通知書の発送前に公開請求者と打ち合わせて決める。
↓	
非公開処分に対する不服申立または取消訴訟	非公開処分に対しては①行政不服審査法による不服申立や②非公開処分の取消訴訟が提起できる。

(1)　行政文書公開請求書用紙に次の事項を記入して実施機関（知事、市町村長、教育委員会、監査委員その他）の情報公開担当課へ提出します。提出は

持参のほか郵送でもかまいません。FAXでもよいとしている自治体もあります。

> ① 公開請求者の住所・郵便番号・氏名・連絡先電話番号・押印、提出日
> ② 行政文書の名称その他の行政文書を特定するに足りる事項
> ③ 公開の方法の区分（閲覧・写しの交付・視聴その他）
> ④ 請求者の区分（その自治体の区域内に住所を有するか、など）

(2) 情報公開担当課は行政文書公開請求書を行政文書を保管している課へ回付します。「行政文書の名称その他の行政文書を特定するに足りる事項」その他に記入の不備がある場合は、行政文書保管課から公開請求者へ通知されますから、通知内容に従って必要な修正をします。

(3) 実施機関（実際には行政文書保管課の課長などの専決権限者）は、公開請求日から15日以内に、請求された各行政文書ごとに、①全部公開、②一部公開（一部非公開）、③全部非公開（不存在の場合も含む）のいずれかを決定して「決定通知書」を作成して公開請求者へ郵送します。15日以内に決定できない場合は、決定期間の延長通知が送付されます。公開する行政文書がある場合には、決定通知書作成前に公開日時を公開請求者と協議して決めます。

(4) 公開する行政文書がある場合には、公開請求者は「決定通知書」に記載の公開日時・場所で開示を受けます。決定通知書記載の日時では都合が悪くなった場合は、電話で新たな公開希望日時を行政文書保管課へ連絡します。文書の場合の公開方法は一般に閲覧と写しの交付を請求していますから、閲覧をして必要な文書についてのみ写しの交付を受けます。録音テープやビデオテープが公開される場合は、これらを視聴したり、これらの複製物の交付を求めることもできます。フロッピーディスクその他の記録媒体の場合も同様で、閲覧したり、写し（複製物）の交付を受けることができます。

(5) 一部非公開または全部非公開（不存在とする場合も含む）の「決定」に対しては、必ず行政不服審査法に基づく不服申立（異議申立または審査請求）をします。不服申立には費用はかかりません（詳細は第2章参照）。不服申

立をせずに地方裁判所へ非公開処分の取消訴訟を提起することもできます。不服申立の結論が出た後に取消訴訟を提起することもできます（詳細は第4章参照）。

　異議申立書または審査請求書は、なるべく公開日時に持参するようにします。しかし、決定通知書を公開日当日に受領するような場合は、公開日の直後に郵送して提出します。

Q2 国の情報公開法は、どんな仕組みになっていますか

1　情報公開法

　情報公開法（正式には、行政機関の保有する情報の公開に関する法律）は、平成11年5月に成立し、平成13年4月1日から施行されています。国の行政機関に対する情報公開請求をしようとする場合は、まず、各地の総務省の出先の情報公開総合案内所で、①情報公開制度利用の手引（情報公開法の説明パンフレット）、②行政文書開示請求書用紙、③各行政機関（各省庁）の開示請求窓口一覧（開示請求書の宛て先の行政機関名と郵送先の分かるもの）を入手します。無料で交付されますし、郵送もしてくれます。総務省の出先の情報公開総合案内所は、各地の総務省の出先の管区行政評価局、行政評価支局または行政評価事務所の中にありますから、NTTの職業別電話帳で場所や電話を調べます。自治体の情報公開条例に基づく公開請求の場合とは、次のような点が異なります。

(1)　開示請求手数料として行政文書1件について300円分の収入印紙を貼付した「行政文書開示請求書」を提出します。

(2)　開示実施手数料として開示請求手数料の300円を超える場合には必要な金額の収入印紙を貼付した「行政文書の開示の実施方法等申出書」を提出します。この申出書用紙は、全部公開または一部公開の決定があった場合に必要な開示実施手数料額や郵送料を示した決定通知書とともに開示請求者へ郵送されます。

(3)　開示または不開示の決定は、開示請求のあった日から原則として「30日以内」とされています。自治体の場合は一般に「15日以内」とされています。情報公開法では、公開・非公開の用語は用いず、開示・不開示と表現していますが、意味は同じです。

2　情報公開法の仕組み

　情報公開法の仕組みは、次のようになっています。

(1)　情報公開法の対象となる行政機関は、内閣府、総務省、法務省、外務省、財務省、文部科学省、厚生労働省、農林水産省、経済産業省、国土交通省、

環境省の各省庁の各機関、会計検査院、人事院その他の行政機関とされていますが、開示請求書の宛て先は、各省庁の開示請求窓口一覧で確認をします。開示請求書の宛て先は、各省の大臣となる場合と出先機関の長となる場合とがあります。情報公開法の対象は、国の行政機関に限られますから、裁判所（司法機関）や国会（立法機関）は含まれません。

(2) 開示請求の対象となる行政文書の範囲は、「行政機関の職員が職務上作成し、又は取得した文書、図画及び電磁的記録（電子式方式、磁気的方式その他人の知覚によっては認識することができない方式で作られた記録をいう）であって、当該行政機関の職員が組織的に用いるものとして、当該行政機関が保有しているものをいう」としています（情報公開法第2条第2項）。ただし、官報、白書、新聞、雑誌、書籍その他不特定多数の者に販売することを目的として発行されるものなどは開示請求の対象から除外しています。

(3) 開示請求権者の範囲は、「何人も」と規定していますから、外国人も情報公開法によって開示請求をすることができます。。

(4) 不開示情報の範囲は、次のように自治体の情報公開条例の場合と同様に規定されていますが、実際の開示請求に際しては不開示情報に該当するか否かを開示請求者が判断する必要はありません。行政機関が不開示情報に該当すると判断すれば非開示とされるだけであり、非開示処分に不服のある場合は行政不服審査法による不服申立（異議申立か審査請求）をしたり、地方裁判所に非開示処分の取消訴訟を提起することができます。

① 個人情報（例えば、個人の氏名・住所・生年月日・所得額・学歴その他）
② 法人情報（例えば、生産や販売上のノウハウ、経理・人事の情報その他）
③ 国の安全等に関する情報
④ 犯罪の予防・捜査その他公共の安全に関する情報
⑤ 国や自治体の機関との協議・審議・検討に関する情報
⑥ 国や自治体の事務や事業に関する情報

(5) 手数料として、①開示請求手数料を行政文書1件について300円分の収

入印紙で納付するほか、開示される文書がある場合には別に②開示実施手数料を開示請求手数料の 300 円を超える必要額の収入印紙で納付します。

3　情報公開法の開示請求の流れ

情報公開法の開示請求の流れは、次のようになっています。

行政文書開示請求書の提出	公開請求書を指定の行政機関の長あてに提出する。提出方法は郵送でよい。印紙の納付があり FAX は不可。
↓ 公開請求書を行政文書保管課へ回付	公開請求書に不備がある場合は、行政文書保管課からの通知により訂正をする。
↓ 行政文書保管課から開示請求者に決定内容を通知	行政機関の長の名義による「決定通知書」が開示請求日から原則として 30 日以内に郵送される。
↓ 開示決定を受けた者は実施方法の申出書を提出	行政機関の長から決定通知書と同時に郵送される実施方法等申出書を通知を受けた日から 30 日以内に返送
↓ 開示の通知を受けた者は閲覧および写しの交付	閲覧日時は実施方法等申出書で通知する。郵送依頼も可能。
↓ 非公開処分に対する不服申立または取消訴訟	非公開処分に対しては①行政不服審査法による不服申立や②非公開処分の取消訴訟が提起できる。

(1) 行政文書開示請求書用紙に次の事項を記入して各行政機関の長あてに提出します。提出方法は持参でも郵送でもかまいません。

> ① 開示請求者の住所・郵便番号・氏名・連絡先電話番号・押印、提出日
> ② 請求する行政文書の名称等
> ③ 求める開示の実施の方法等の欄があるが記入不要
> ④ 開示請求手数料として1件300円分の収入印紙を貼付（割印・消印は不可）

(2) 行政文書開示請求書は行政文書を保管している課へ回付され、記入事項に不備がある場合は通知がありますから、通知内容に従って必要な訂正をします。

(3) 行政機関の長（実際には行政文書保管課の課長などの専決権限者）は、公開請求日から原則として30日以内に請求された各行政文書ごとに、①全部公開、②一部公開（一部非公開）、③全部非公開（不存在の場合も含む）のいずれかを決定して「決定通知書」を作成して開示請求者へ郵送します。この場合に「行政文書の開示の実施方法等申出書」用紙が同封されていますから、開示請求者は必要な事項を記入し、必要額の収入印紙を貼付して返送します。郵送を依頼する場合は指定された額の郵便切手も同封します。「決定通知書」には、開示の実施の手続の説明文書が同封されています。

(4) 開示する行政文書がある場合には、開示請求者は「行政文書の開示の実施方法等申出書」に記載した方法（閲覧、郵送その他）で開示を受けます。閲覧をする場合には、閲覧をして必要な文書についてのみ写しの交付を受けます。郵送を依頼する場合は閲覧ができないので、「決定通知書」に記載された文書の表題から判断して必要な文書の郵送を受けることとします。

(5) 一部非公開または全部非公開（不存在とする場合も含む）の「決定」に対しては、必ず行政不服審査法に基づく不服申立（異議申立または審査請求）をします。不服申立には費用はかかりません（詳細は第2章参照）。不服申立をせずに裁判所へ非公開処分の取消訴訟を提起することもできます。不服申立の結論が出た後に取消訴訟を提起することもできます（詳細は第4章参照）。

4　独立行政法人等を対象とする情報公開法

国の行政機関を対象とする情報公開法が平成13年4月から施行されたのに

続いて、平成14年10月から「独立行政法人等の保有する情報の公開に関する法律」が施行されています。独立行政法人等の情報公開制度も情報公開法の仕組みとほぼ同様になっています。独立行政法人等の情報公開制度の資料（情報公開窓口の住所や電話番号）も各地の総務省の出先の情報公開総合案内所で無料で入手できます。

　独立行政法人等の情報公開制度によって開示請求の対象とされている法人は多数ありますが、主なものとしては、国立印刷局、国立科学博物館、国立公文書館、国立博物館、国立美術館、造幣局、大学入試センター、森林総合研究所、水産大学校、農業者大学校、理化学研究所、国民生活金融公庫、住宅金融公庫、公営企業金融公庫、石油公団、日本原子力研究所、日本船舶振興会、日本自転車振興会、日本中央競馬会、日本道路公団、日本郵政公社、農林漁業金融公庫、阪神高速道路公団、首都高速道路公団、放送大学学園、本州四国連絡橋公団、日本銀行、預金保険機構、国立大学法人（全国の旧国立大学）があります。特殊法人でも独立行政法人等の情報公開制度の適用されない日本放送協会(NHK)は独自の公開制度を作っています。裁判所の公開制度も最高裁判所の内部規則として独自に作っています。NHKや最高裁判所の公開制度については、次に電話をして郵送してもらいます。

① 　NHK（日本放送協会）本部　　電話03-3465-1111 代表
　　〒150-8001　東京都渋谷区神南2-2-1
　　各地方のNHKでも入手できます。
② 　最高裁判所・事務総局　　電話03-3264-8111 代表
　　〒102-0092　東京都千代田区隼町4-2
　　各地方の裁判所でも入手できます。

　各独立行政法人等では独自に情報公開制度の利用の手引や公開請求書の用紙を作成していますから、各独立行政法人等に電話をしてそれらを入手します。各独立行政法人等ではそれぞれ①開示請求手数料や②開示実施手数料も異なり、納付の方法も異なりますから、それぞれの独立行政法人等に確認する必要があります。

Q3 情報公開請求書は、どのように書くのですか

1 情報公開請求書の様式

情報公開請求書の様式は、各自治体の情報公開条例や情報公開条例施行規則で決めていますが、記入する事項は、おおむね次の記載例のようになっています。

行政文書公開請求書

平成○年○月○日

○○県知事　殿

　　　　　　　請求者（住所）〒000-0000　○県○市○町○丁目○番○号
　　　　　　　　　　（氏名）○○○○（印）
　　　　　　　　　　（電話番号）○○○-○○○-○○○○

　○○県情報公開条例第○条の規定により次のとおり行政文書の公開を請求します。

行政文書の名称その他の行政文書を特定するに足りる事項	
公開の方法の区分	□閲覧 □写しの交付（□窓口での交付　□郵便による送付） □視聴 □電磁的記録を複写したものの交付（□窓口での交付　□郵便による送付）
請求者の区分	□県の区域内に住所を有する個人 □県の区域内に事務所又は事業所を有する個人及び法人その他の団体（その名称と所在地　　　　　　） □県の区域内の事務所又は事業所に勤務する者（その名称と所在地　　　　　　）

	□県の区域内の学校に在学する者（学校名と所在地） □実施機関が行う事務又は事業に関し利害関係を有するもの（利害関係の内容）

□については、該当するものに「レ」を記入してください。

2　情報公開請求書用紙の様式

　情報公開請求書用紙の様式は自治体によって異なりますが、記入する事項は上例のように一般に次の事項を記入します。

> ①　実施機関名（知事、市町村長、教育委員会、監査委員、議会その他）
> ②　提出年月日または公開請求書作成日
> ③　公開請求者の住所・郵便番号・氏名・電話番号（一般に氏名を署名した場合は押印は不要とされているが、訂正に便利なので押印をしておく）
> ④　行政文書の名称その他の行政文書を特定するに足りる事項（知りたい行政文書の内容）
> ⑤　公開の方法の区分（閲覧、写しの交付、視聴などの別）
> ⑥　請求者の区分（請求者の範囲を限定している公開条例に限られます）
> ⑦　請求の目的を書かせる遅れた自治体もありますが、「調査のため」のように簡潔に記入します。

(1)　実施機関とは、知事、市長、教育委員会その他の執行機関や議会をいいます。情報公開条例の対象とされる行政機関（行政庁）や議会のことです。議会だけの別の情報公開条例を制定している自治体もあります。行政庁とは、行政主体（自治体や国）のために意思決定を行い、それを外部（国民）に対して表示する権限を与えられた行政機関（例えば、知事、市町村長、教育委員会、出先機関の長など）をいいます。

　実施機関の例は、本章Ｑ１に述べた通りですが、記入する際には次に注意します。

①　実施機関が知事の場合には知事の権限を委任している行政機関がありますから、その場合にはその行政機関の長の名称を記入します。例えば、

典型的な例では、○○土木事務所長、○○土地改良事務所長、○県東京事務所長といった出先機関の長があります。これらの出先機関の長は、自治体の条例等によって行政文書の公開または非公開の行政処分を行う権限を有する行政庁とされています。行政庁の個人名の記載は不要です。

② 教育委員会、選挙管理委員会などの委員会は、2名以上の委員により構成される合議制の機関であり、行政委員会と呼ばれる執行機関とされています。

③ 監査委員は、自治体の執行機関の一つで、自治体の財務に関する事務などについて監査をする機関をいい、自治体の規模により2人ないし4人とされています。

(2) 行政文書の名称その他の行政文書を特定するに足りる事項（表現は自治体によって異なります）の欄には、一般に行政文書の名称を記入することは不可能ですから、通常は知りたい行政文書の内容を記入します。例えば、「公用車の明細の分かる一切の文書」のように記入します。記入欄が狭い場合は、記入欄には「別紙の通り」と記載し、別紙に請求する行政文書の内容を詳しく書いて別紙をホチキスで綴じます（書き方の詳細は、本章Q4参照）。

(3) 公開の方法の区分には、一般に①閲覧、②写しの交付、③視聴、④電磁的記録を複写したものの交付のように分けられていますが、⑦窓口での交付と⑦郵便による送付の別を記入するようにしている場合もあります。文書の場合には、必ず①閲覧と②写しの交付の両方をチェックしておきますが、その場合には、閲覧をして必要なものだけの写しの交付を受ければよいのです。ある非常識な自治体で閲覧のチェックをし忘れて40万円もコピー代を請求された市民がいました。

(4) 請求者の区分は、公開請求権者の範囲を「何人も」と規定している場合は記入欄がありませんが、請求権者の範囲を限定している場合に限り記入します。

3 情報公開法によって国の行政機関に開示請求をする場合

情報公開法によって国の行政機関に開示請求をする場合は、総務省の出先の各地の情報公開総合案内所から入手した「行政文書開示請求書」用紙を使用します。総合案内所は総務省の出先の管区行政評価局、行政評価支局または行政

評価事務所の中にあります。

「行政文書開示請求書」用紙は総務省の標準様式第1号として次のような様式になっています。

行政文書開示請求書

平成○年○月○日

外務大臣　殿

　　　　　　　（氏名又は名称）　　　　　　　　　　○○○○（印）
　　　　　　　（住所又は居所）〒000-0000 ○県○市○町○丁目○番○号
　　　　　　　（電話番号）　　　　　　　○○○ - ○○○ - ○○○○

　行政機関の保有する情報の公開に関する法律第4条第1項の規定に基づき、下記のとおり行政文書の開示を請求します。

記

1　請求する行政文書の名称等

（請求する行政文書が特定できるよう行政文書の名称、請求する文書の内容等をできるだけ具体的に記載してください）

2　求める開示の実施の方法等（本欄の記載は任意です）

　ア又はイに○印を付してください。アを選択された場合は、その具体的な方法等を記載してください。

　ア　事務所における開示の実施を希望する
　　　＜実施の方法＞　　①閲覧　②写しの交付　③その他（　　　　）
　　　＜実施の希望日＞
　イ　写しの送付を希望する

開示請求手数料 （1件300円）	ここに収入印紙をはってください	受付印

(1) 行政文書開示請求書の宛て先は、総務省の出先の各地の情報公開総合案内所（各地の管区行政評価局、行政評価支局または行政評価事務所の中にある）で宛て先の住所とともに確認をします。各省庁の大臣のほか、出先機関の長の名称を記入しますが、個人名の記入は不要です。行政文書開示請求書は、この宛て先に郵送をします。

(2) 請求する行政文書の名称等の欄は、公開条例の場合と同様に知りたい行政文書の内容を記入します。請求内容が多い場合は、別紙に詳しく書いて別紙をホチキスで綴じますが、開示請求手数料が多額になりますから注意が必要です（書き方の詳細は、本章Q4参照）。

(3) 求める開示の実施の方法等の欄は、記入不要です。開示の決定通知書と同時に送付される「行政文書の開示の実施方法等申出書」によって申出をすることにします。この申出をする場合は、開示実施手数料として開示される文書が多くて300円分を超える場合には超える額の収入印紙を貼付して提出する必要があります。

(4) 行政文書開示請求書を提出する場合には、開示請求手数料として行政文書1件について300円分の収入印紙を貼付して提出する必要があります。何件の行政文書になるのかが分からない場合も、とりあえず300円分の収入印紙を貼付して提出しますが、不足分がある場合は通知を受けてから不足分の収入印紙を郵送します。これらの収入印紙には消印（割印）をしてはなりません。

Q4 情報公開請求をする文書の特定は、どのようにするのですか

1　情報公開請求をする文書の特定

　情報公開請求をする文書の特定は、各自治体の作成する「行政文書公開請求書」や国の行政機関に対する「行政文書開示請求書」の各用紙の「行政文書の名称その他の行政文書を特定するに足りる事項」欄の記載によって特定をします。文書以外の情報（録音テープ、ビデオテープその他）の場合も同様です。

(1)　各自治体の公開請求書用紙の表題には、①行政文書公開請求書とするものが多いのですが、②情報公開請求書、②公文書公開請求書といった表題のものもあります。

　「行政文書の名称その他の行政文書を特定するに足りる事項」欄の表示も、ほかに①知りたい行政文書の内容、②公開を請求する情報の内容、③知りたい公文書の内容、④請求する公文書の内容といった表示をしている場合もあります。

(2)　国の行政文書開示請求書用紙には、情報公開請求をする文書を特定することができる事項を記載する欄に「請求する行政文書の名称等（請求する行政文書が特定できるよう行政文書の名称、請求する文書の内容等をできるだけ具体的に記載してください）」と表示しています。

　各自治体の公開請求書用紙も国の行政文書開示請求書用紙もA4サイズ1枚とされていますから、情報公開請求をする文書の特定をする欄に書き切れない場合は、この欄には、「別紙の通り」と記入し、詳細に記載した別紙を請求書にホチキスで綴じます。一部の自治体や国の場合は、閲覧だけでも手数料を徴収しますから、一度に多量の文書の公開請求をしないことが無難です。閲覧手数料を公益目的の場合に限り手数料の減免申請によって減免する自治体もありますが、その場合の減免申請書には、公益目的を「○県の○○についての公務が適正に執行されているか否かの調査のため」のように簡潔に記載します。

　前述した通り、各自治体に公開請求をする場合は、必ず①閲覧と②写しの交付（コピーの交付）の両方を請求しておき、閲覧した後に必要な文書の交付を受けることとします。誤って閲覧を請求していなかった者に対して40万円も

のコピー代を請求した非常識な自治体もあったので注意が必要です。郵送で写しの交付のみを受ける場合は、「決定通知書の到達後に必要な文書を指定する」と念のため余白に記載しておきます。国の場合は、開示する行政文書がある場合には、その枚数や開示実施手数料が示されますから、開示の実施の申出をする時に閲覧や写しの交付の申出をします。開示する文書の郵送料まで明記している場合が多いのです。

2　情報公開請求をする文書の特定の具体例

　情報公開請求をする文書の特定は、前述したように行政文書開示請求書用紙の「行政文書の名称その他の行政文書を特定するに足りる事項」欄の記載によって特定をしますが、公開請求をする文書の種類は無数にあることから、以下には自治体の実施機関に対する公開請求の場合を中心に説明しますが、国の行政機関に対して開示請求をする場合も同様に記載します。一般的な注意事項と主な例は、次の通りです。

(1)　行政文書の表題が分かっている場合には、その行政文書の表題を記載します。例えば、「平成17年1月7日付16廃対第12345号「廃棄物の処理について」の文書」とか「平成16年度瀬戸内海環境影響調査報告書」のように記載します。しかし、通常、このように文書の表題を特定して公開請求をする場合は、ほとんどありません。一般国民は、普通は行政機関の保有している文書の表題を知らないからです。公開請求の対象となる文書は、実施機関（行政機関）の職員が職務上「作成」した文書のほかに「取得」した文書も含まれます。

(2)　一般には、行政文書の表題を正確に記載することは不可能ですから、①○○について記載した一切の文書、②○○の分かる一切の文書、③○○についての起案文書の全部、④○○についての申請書類の全部及びその一切の添付書類の全部のように「一切の文書」とか「文書の全部」といった表現で漏れのないように包括的に公開請求をします。開示される文書は、全部開示とされる場合は原本が開示されますが、一部開示（一部非開示）とされる場合は文書の写しに非開示部分を黒塗りにして開示されます。

(3)　請求する文書の種類が多い場合は、なるべく文書の種類ごとに箇条書にします。ただし、国の情報公開法による開示請求では、1件ごとの開示請求手数料が必要となり、箇条書にした件数ごとに誤って300円をとる行政

機関がありますから、国の行政機関に請求する場合は、なるべく関連する内容の文書を続けて記載して箇条書にしないのが無難です。国の行政機関の解釈の誤りを指摘しても、水掛け論になる場合が多く、時間の無駄になるからです。

(4) 食糧費の支出文書については、例えば、「土木監理課の食糧費について平成16年度中に実施した懇談会その他の会合に係る1件の支出確定額が1万円以上のものについての執行伺書、支出金調書、内訳書、請求書、参加者名簿その他の一切の文書」のように記載します。

① この場合の食糧費とは、本来は、台風災害や地震災害などの緊急事態の発生した場合の自治体職員の弁当代などに支出するものですが、中央官庁の公務員の官官接待に使われたり自治体職員間の私的飲食に使用されていて問題になったものです。香川県土木監理課では3月の1カ月間に1回99,110円の同一金額の宴会を7日もしたとする文書を開示して公金による宴会が問題となりました。

② 公金支出の会計書類の名称は各自治体によって異なりますから、㋐伺いの文書は執行伺書、㋑公金支出文書は支出金調書とし、㋒内訳書、㋓請求書、㋔参加者名簿も公開請求します。その他にも会計書類その他の文書が存在する可能性がありますから、「その他の一切の文書」と記載します。

③ 食糧費その他の公金支出は、次のような流れで行われます。

　(a) 起案文書などで決裁権者による決裁（執行伺い）
　(b) 飲食店などとの契約（支出負担行為）
　(c) 支出命令書により支出命令（決裁権者による決裁）
　(d) 会計担当課の支出負担行為の確認・審査を経て支払い

(5) 無駄な公共施設建設費用の支出文書については、例えば、「○市○町に建設計画のある屠畜場について本公開請求書到達日までに支出した一切の支出に関する執行伺書、支出金調書、建築図面その他の一切の設計図書、入札結果調書、契約書、見積書、請求書その他の関連する一切の文書」のように記載します。

① 会計書類の公開請求の仕方は食糧費の場合と同様ですが、公共工事の場合には、設計図書（図面や仕様書）、入札結果を記載した文書（入札結果調書）、契約書類も公開請求をする必要があります。

② 大型施設の公共工事に関する文書の種類は多いので、思い付く文書をA、B、Cのように例示したうえ「その他の一切の文書」と記載します。それでも、後日、全部を含んでいないことが分かった場合は、追加の請求内容を記載した公開請求書を提出します。実際には、何回も公開請求をしないと全容を解明することはできません。

(6) カラ出張などを解明する場合の公開請求は、例えば、「○県監査委員及び監査委員事務局職員の平成16年度に実施した県外出張に関する出張命令簿、旅費請求書、旅費計算書類、復命書、旅費精算書類その他の関連する一切の文書」のように記載します。
① カラ出張は内部告発がないとなかなか発覚しませんが、勤務記録などと照合することによりカラ出張が発覚することがあります。
② 復命書とは、出張先の業務内容などを書いて上司に報告する書類をいいます。カラ出張の場合は、当然に虚偽の事実が記載されていますから、ウソが発覚する場合があります。年度末などに必要もないのに多数の者が出張している場合がありますから、住民監査請求によって事実上の改善がなされることもあります。

(7) 自治体に提出された書類の公開請求では、例えば、「県内の各土地改良区から平成10年度以降に提出された総会及び総代会の議案書及び議事録並びに理事会の議事録の各全部」のように記載します。この場合の請求先は、一般に○○土地改良事務所長になります。
① 土地改良区は多額の公金による補助金を得ているにもかかわらず、ボス支配が続く場合が多く民主的な運営がなされない場合が多いので、土地改良区組合員でない住民も公開請求により監視する必要があります。
② 各土地改良区の組合員は土地改良法の規定により土地改良区の書類の閲覧（写しの交付は不可）の請求をすることができます。

(8) 知事の許可・認可を申請した際の文書については、例えば、「①○○採石株式会社から平成11年度以降に提出された採石法に基づく知事の採取計画の認可申請書類及びその一切の添付書類の全部、②○○採石株式会社から平成11年度以降に提出された森林法に基づく知事の許可申請書類及びその一切の添付書類の全部、③上記の①の申請に対する認可に係る一切の起案文書及びその一切の添付書類の全部、④上記の②の申請に対する許可に係る一切の起案文書及びその一切の添付書類の全部」のように記載し

ます。
① 採石法に基づく知事の認可や森林法に基づく知事の許可については、近隣住民の生活環境に及ぼす影響が大きいので、近隣住民から関係書類の公開請求がなされます。
② 請求する文書の種類が多い場合は、請求をする文書の特定を明確にするため、なるべく箇条書にします。ただし、いまだに閲覧手数料を徴収する時代遅れの自治体に対して公開請求をする場合は、国の行政機関に対して公開請求をする場合と同様に、箇条書にせず、関連する内容は続けて記載して1件である旨を主張します。1件か数件かの判断を自治体が誤った場合でも、実務上は、水掛け論になって文書の開示が進まないからです。

Q5 非公開とされる情報には、どんなものがありますか

1 各自治体の情報公開条例の非公開事由

　各自治体（都道府県と市町村）の情報公開条例の非公開とされる情報（非公開事由）の範囲は自治体によって異なりますが、非公開とされる情報の種類は、おおむね同様になっています。実際に情報公開請求をする際には、公開請求をしようとする情報が非公開情報に該当するかどうかを公開請求者が判断をする必要はありません。公開請求者が、公開請求をしようとする情報が非公開情報に該当すると思っても公開請求をすることはできます。公開請求を受けた行政庁（自治体の長その他の行政機関）は公開請求を受けた情報が非公開とされる情報に該当する（公開条例の非公開事由に該当する）と判断した場合には、その情報の非公開の行政処分をするだけのことです。その非公開の行政処分に不服のある者は、第2章に述べる行政不服審査法による不服申立（異議申立か審査請求）をしたり、第4章に述べる非公開処分取消訴訟を提起して行政庁（被告は自治体とします）と争うことになります。この場合の行政庁とは、公開または非公開という行政処分を決定する権限を与えられた行政機関（自治体の長、教育委員会その他の委員会、監査委員などの地位にある自然人または合議体）をいいます。

　非公開とされる情報が特定文書の一部に記載されている場合は、その非公開部分を除いて公開する必要があります。このことを一般に行政文書の「一部公開（一部非公開）」と言っていますが、複数の行政文書の中の特定の一部の文書の全部を非公開とする場合も、一部公開（一部非公開）という場合があります。

2 各自治体の情報公開条例の一般的な非公開事由の種類

　各自治体の情報公開条例で一般的に非公開とされる情報（非公開事由）の種類は、次例のようになっています。これらを知らなくても公開請求に支障はありません。

　(1) 個人情報（個人に関する情報）の例

　　「個人に関する情報（事業を営む個人の当該事業に関する情報を除く）であって、当該情報に含まれる氏名、生年月日その他の記述等により特定の個人

を識別することができるもの（他の情報と照合することにより、特定の個人を識別することができることとなるものを含む）又は特定の個人を識別することはできないが、公にすることにより、なお個人の権利利益を害するおそれがあるもの。ただし、次に掲げる情報を除く。
　イ　法令又は条例の規定により又は慣行として公にされ、又は公にすることが予定されている情報
　ロ　人の生命、健康、生活又は財産を保護するため、公にすることが必要であると認められる情報
　ハ　公務員（注：地方公務員や国家公務員の一般職や特別職の別、常勤・非常勤の別も問わないとしている）、独立行政法人の役員及び職員の職務の遂行に係る情報に含まれる当該公務員等の職の名称その他職務上の地位を表す名称及び氏名（公にすることにより、当該個人の権利利益を不当に害するおそれがあるもの及びそのおそれがあるものとして実施機関が定める職にある公務員の氏名を除く）
　ニ　公益上公にすることが必要である情報として実施機関が定める情報であって、公にしたとしても個人の権利利益を不当に害するおそれがないと認められるもの」
　　①　個人情報とは、一般的には個人の氏名、住所、生年月日、電話番号、学歴、職業などをいいます。
　　②　ただし書ロの人とは、自然人（人間のこと）のみを指すと解釈されています。
(2) 法人情報・事業を営む個人の当該事業に関する情報の例
　「法人その他の団体（国及び地方公共団体を除く）に関する情報又は事業を営む個人の当該事業に関する情報であって、公にすることにより、当該法人等又は当該個人の権利、競争上の地位その他正当な利益を害するおそれがあるもの。ただし、事業活動によって生じ、又は生ずるおそれのある危害から人の生命、健康、生活又は財産を保護するため、公にすることが必要であると認められる情報を除く。」
　　①　その他の団体とは、法人でない自治会・消費者団体・市民団体などの団体で、団体の規約により代表者の定めがある団体と解されています。
　　②　権利、競争上の地位その他正当な利益を害するおそれがあるものとは、例えば、生産技術上のノウハウ、販売上の顧客情報、経理・人事に関す

る情報などをいいます。
(3) 他の行政機関との間の審議・検討・協議に関する情報の例
　「県の機関、国の機関及び県以外の地方公共団体の内部又は相互間における審議、検討又は協議に関する情報であって、公にすることにより、率直な意見の交換若しくは意思決定の中立性が不当に損なわれるおそれ、不当に県民の間に混乱を生じさせるおそれ又は特定の者に不当に利益を与え、若しくは不利益を及ぼすおそれがあるもの」例えば、特定の審議会の議事録があります。
(4) 行政機関の事務・事業に関する情報の例
　「県の機関、国の機関又は県以外の地方公共団体が行う事務又は事業に関する情報であって、公にすることにより、次に掲げるおそれその他当該事務又は事業の性質上、当該事務又は事業の適正な遂行に支障を及ぼすおそれがあるもの
　イ　監査、検査、取締り又は試験に係る事務に関し、正確な事実の把握を困難にするおそれ又は違法若しくは不当な行為を容易にし、若しくはその発見を困難にするおそれ
　ロ　契約、交渉又は争訟に係る事務に関し、県、国又は県以外の地方公共団体の財産上の利益又は当事者としての地位を不当に害するおそれ
　ハ　調査研究に係る事務に関し、その公正かつ能率的な遂行を不当に阻害するおそれ
　ニ　人事管理に係る事務に関し、公正かつ円滑な人事の確保に支障を及ぼすおそれ
　ホ　県、国又は県以外の地方公共団体が経営する企業に係る事業に関し、その企業経営上の正当な利益を害するおそれ」例えば、試験の問題、漁業補償の提示金額があります。
(5) 犯罪の予防その他の公共の安全と秩序の維持に関する情報の例
　「公にすることにより、犯罪の予防、鎮圧又は捜査、公訴の維持、刑の執行その他の公共の安全と秩序の維持に支障を及ぼすおそれがあると実施機関が認めることにつき相当の理由がある情報」例えば、告訴状や告発状、供述調書があります。
(6) 非公開約束のある情報の例
　「県の機関の要請を受けて、個人又は法人等から、公にしないとの条件

で任意に提供された情報であって、個人又は法人等における通例として公にしないこととされているものその他の当該条件を付することが当該情報の性質、当時の状況等に照らして合理的であると認められるもの。ただし、人の生命、健康、生活又は財産を保護するため、公にすることが必要であると認められるものを除く」例えば、業者から得た秘密情報があります。
(7) 法令等により公開できないとされている情報の例
　　「法令等の定めるところ又は実施機関が法律上従う義務を有する各大臣その他国の機関の指示により、公にすることができないとされている情報」

3　国の情報公開法の不開示事由の種類

　国の情報公開法で不開示とされる情報（不開示事由）の種類は、次のようになっています。ただ、自治体の場合と同様に開示請求者が開示請求書を行政機関に提出する際には、その情報が不開示情報に該当するかどうかを判断する必要はありません。提出先の行政庁（各大臣その他の行政機関の長や行政委員会）が不開示事由に該当すると判断すれば、不開示の行政処分がなされるだけのことです。その場合には、開示請求者は、自治体の情報公開条例により非公開処分をなされた場合と同様に、その不開示の行政処分に不服のある者は、不服申立（異議申立か審査請求）をしたり、非公開処分の取消訴訟を提起して争うことになります。
　国の情報公開法により不開示とされる情報（不開示事由）の種類も、次のように上記の各自治体の情報公開条例と同様になっています。
(1)　個人情報（個人に関する情報）
(2)　法人情報・事業を営む個人の当該事業に関する情報
(3)　国の安全等に関する情報（国土が侵略されるおそれの情報など）
(4)　犯罪の予防その他の公共の安全と秩序の維持に関する情報
(5)　国の機関や地方公共団体の内部または相互間の審議・検討・協議に関する情報
(6)　国の機関や地方公共団体の事務・事業に関する情報
　これらの不開示事由を知らなくても、開示請求には何らの支障もありません。開示請求書を提出するだけでよいのです。

Q6 公開される日の対応は、どのようにするのですか

1　各自治体の実施機関に対して「行政文書公開請求書」を提出した後の処理

　各自治体の実施機関（自治体の長、教育委員会その他の委員会、監査委員その他）に対して「行政文書公開請求書」を提出した場合には、実施機関は、原則として提出日から15日以内に公開請求をされた各行政文書ごとに①全部公開、②一部公開（一部非公開）、③全部非公開、④却下のいずれかの行政処分（実施機関の公権力の行使としての意思決定）を行う必要があります。却下とは、公開請求そのものが不適法（公開条例に適合しないこと）と判断された場合をいいます。例えば、公開条例の適用除外とされている県立図書館の一般図書の公開請求をしたような場合です。

　１５日以内に公開・非公開などの決定（行政処分）をすることができない場合は、実施機関は、各自治体の公開条例の規定に基づいて決定の期間を延長する旨の通知書を公開請求者へ郵送します。延長することができる期間は、各自治体の公開条例によって「30日以内に限り」とか「45日以内に限り」のように異なります。延長の決定が行政処分に当たると解釈する自治体もありますが、一般に延長決定は行政処分に当たらないと解釈されていますから、恣意的に非常識な長期間の延長決定がなされた場合にも不服申立の方法がありません。しかし、延長決定が処分ないし公権力の行使に当たるとして行政不服審査法に基づく不服申立書（異議申立書または審査請求書）を提出することは可能ですし、それに対して却下の決定または裁決をさせることにより、その後の恣意的な延長決定を牽制することができます。

　全部公開または一部公開される文書がある場合は、実施機関は、公開請求者に対する「行政文書公開決定通知書」または「行政文書一部公開決定通知書」を作成する前に双方の都合の良い日時を打ち合わせるための電話連絡をしてきます。双方の都合の良い日時を決めた後、実施機関は、公開請求者に対して、公開日前に「決定通知書」を郵送してきますから、公開請求者は決定通知書を持参のうえ決定通知書に記載された日時・場所で閲覧し、その中の必要な文書の写しの交付を求めます。公開日までに決定通知書が到達しないおそれがある

場合は、公開日に決定通知書を受け取ります。自治体によっては公開日時を一方的に指定して決定通知書を郵送する場合がありますが、当該実施機関に対して文書で苦情を述べておく必要があります。

　実施機関が全部非公開または却下の決定（行政処分）をした場合は、その決定通知書を公開請求者に対して送付します。公開請求者は、その決定に不服がある場合は、前述した通り、①行政不服審査法による不服申立（異議申立か審査請求）、②地方裁判所への行政処分の取消訴訟を提起します。一部非公開の決定があった場合も同様です。

2　各自治体での行政文書の公開

　各自治体での行政文書の公開は、双方の協議で決めた日時に指定の場所（一般に情報公開担当課）に出向いて閲覧や写しの交付を受けますが、この場合の注意事項は次の通りです。

(1)　公開日は公開請求をした日から15日以上も経過しており、公開請求をした目的や請求内容を忘れている場合も多いので、公開日の前日には、公開請求書控えをよく読んで公開請求をした目的や請求内容をよく理解しておきます。

(2)　実施機関の「決定通知書」には、「公開請求に係る行政文書」欄や「公文書の名称または内容」欄といった欄に全部公開または一部公開をする具体的な文書の名称または実施機関での呼び名を記載しますから、公開請求者は、公開日の前日には公開請求書控えの記載と照合して請求内容と符合するかどうかを確認しておきます。公開請求内容に対応した具体的な文書の名称が記載されていますから、公開請求書控えとよく照合をします。

(3)　公開日には決定通知書を持参し、公開請求書に記載した請求内容の順序で閲覧をします。順不同で閲覧をすると公開請求の目的とする文書内容が理解しにくいことから、公開請求書に記載した請求内容の順序で閲覧をするのです。閲覧の途中で写し（コピー）が必要と思われる文書には、ポストイットのようなはがせる付箋を付けて行きます。付箋は一般に情報公開担当課で準備しています。公開請求書には、必ず①閲覧と②写しの交付の両方に○印を付けておくことが肝要です。①閲覧と②写しの交付の両方に○印を付けておくと、閲覧をして必要と思う文書のみの写しの交付を受けることができます。

(4) 写し（コピー）の交付の手数料は、各自治体によって異なりますが、一般にＡ３サイズ（モノクロ）まで１枚10円ないし20円とされています。カラーコピーや録音テープ・ビデオテープの複製なども可能ですが、その手数料は各自治体によって異なります。

3 国の行政機関での行政文書の公開

国の行政機関での行政文書の公開も、基本的には自治体の場合と同様ですが、次の点が異なります。

(1) 国の行政機関が行政文書の全部公開または一部公開（一部非公開）の決定（行政処分）をしたときは、その決定通知書とともに「行政文書の開示の実施方法等申出書」用紙が同封されて郵送されますから、その申出書用紙に①閲覧、②写しの交付その他の希望する開示の実施方法を記載して返送をします。ただ、国の行政機関の場合は、文書を東京都内の本省が保有する場合も多いので、地方で開示請求をした場合は、閲覧をせずに決定通知書に記載した具体的な文書の名称を検討して全部または一部につき郵送による写しの交付の申出をします。国の行政機関の作成する決定通知書には、開示される具体的な文書の名称や各枚数も記載されていますから、公開請求者は、必要とする行政文書のみの写しの交付の申出をします。

(2) 国の行政機関へ提出する「行政文書の開示の実施方法等申出書」には、開示実施手数料として決定通知書で指定された金額の収入印紙を貼付します。収入印紙には割印（消印）をしてはなりません。決定通知書には、必要とする収入印紙の金額や郵便切手の金額が記載されていますが、開示される文書の一部（例えば、100枚の文書の中の10枚）について写しの交付の申出をする場合は、決定通知書に記載されている担当課職員に収入印紙の金額と郵便切手の金額を確認します。

(3) 国の行政機関から郵送される決定通知書には、開示をする期間が指定されていますから、その期間内に「行政文書の開示の実施方法等申出書」を提出します。その期間内に提出しなかった場合は、再度、公開請求をする必要があります。

Q7 情報公開制度は、どのように利用するのですか

1 各自治体の情報公開条例と国の行政機関に対する情報公開法

　各自治体の情報公開条例や国の行政機関に対する開示請求について規定する情報公開法には、各条例の制定の目的や情報公開法の目的が明記されていますが、要するに、情報公開制度の目的は、行政の透明性を確保し、公正で民主的な行政の推進を図ることにあります。

　情報公開制度を利用することのできる範囲は、行政の範囲と同様に極めて広範で、情報公開制度を自由自在に使いこなすと自治体や国の行政監視活動はもちろんのこと、各種の市民運動・消費者保護運動その他の各人の自己実現に大きな力を発揮することができます。2以下には、これまで各地の市民オンブズ団体が公開請求を実践してきた経験を中心に情報公開制度の利用の仕方を述べることとします。

　情報公開制度が整備されているのは、自治体の執行機関や地方議会（全国平均で約90％が制定済み）、国の行政機関（本省、各地の出先機関）、独立行政法人（国立印刷局、国立博物館その他）、国立大学法人、一部の特殊法人（日本郵政公社、日本道路公団その他）に限られており、裁判所（司法機関）や国会（立法機関）には国民の情報公開請求権を認めた制度はありません。

　ただ、裁判所については、最高裁判所が平成13年4月から「最高裁判所の保有する司法行政文書の開示等に関する事務の取扱要綱」によって一部の文書の開示をしていますが、非公開とされた場合でも法律上争う手段がありませんから、不完全な制度となっています。

　NHK（日本放送協会）は放送法に基づく特殊法人ですが、内部規程による不完全な情報公開制度しかありません。NHKに都合の悪い文書を非公開にしても何らの法律上争う手段がないので、単なるポーズに過ぎないともいえます。

2 情報公開制度を利用して行政監視活動に成果をあげた利用方法

　筆者の体験と従来から各地の市民オンブズ団体が情報公開制度を利用して行政監視活動に成果をあげた利用方法には次のものがあります。

(1) 食糧費に関する会計書類などの公開請求
　① 食糧費とは、本来、台風災害・地震災害のような緊急事態が発生した場合の公務員の弁当代などに支出する費用ですが、公務員同士の官官接待や私的飲食に使用されていて問題となったものです。例えば、香川県では3億9700万円の食糧費が4年で5100万円まで（土木部は7400万円が400万円まで）激減しました。
　② 食糧費の公開請求の仕方はQ4で説明しましたが、会計書類（執行伺書、支出金調書その他）を閲覧して不当な支出と認められる場合は写しの交付を受けて住民監査請求をします。住民監査請求に対して監査委員は住民の請求をほとんど認めませんが、一応、支出の妥当性の監査はしますから、その後の違法支出を牽制することになります。

(2) タクシー代に関する会計書類などの公開請求
　① タクシーの使用は、本来、公務に必要な場合に限られていますが、私的飲食（忘年会など）後の夜間の帰宅その他の私的使用が問題となりましたが、最近は私的使用は激減しています。例えば、香川県では1億3100万円のタクシー代が3年間で2900万円まで激減しました。
　② タクシー代の会計書類は、タクシー業者からの請求書のほか、タクシー利用券とその発行記録も閲覧する必要があります。これらにより使用者の氏名、利用区間、利用時間、利用料金が明確になりますから、不当な支出と認められる場合は写しの交付を受けて住民監査請求をします。

(3) 公共工事（土木工事、建設工事その他）に関する会計書類などの公開請求
　① 公共工事に関する書類は一般に1件当たりの枚数が多いので、とりあえず、ⓐ入札結果調書（入札の結果を記載した書類）、ⓑその入札に際して使用した設計図書（工事用の図面と仕様書）、ⓒ支出金調書に限定して公開請求をします。入札は、一般に指名競争入札（入札に参加できる資格を有する業者の中から公務員が指名して入札に参加させる制度）で行われますが、指名業者の数や指名業者の妥当性も問題となります。一般競争入札（不特定多数の業者が入札できる制度）が望ましいのですが、公務員に手間がかかるなどの問題があり、一定の高額（例えば、積算した必要な価格が1億円以上の工事）の場合に限定して行われます。
　② 入札をせずに随意契約（競争契約によらずに適当と思う特定の業者を選択して締結する契約）によることができる場合は、法令や自治体の契約

規則で決められていますから、これに違反していないかを確認します。
③　入札は予定価格（公務員が積算して出した工事に必要な価格で入札の最高限度額）以下の最低入札価格で入札した業者が落札することなりますが、従来は、予定価格を秘密にしていたため、これを聞き出そうとする業者が贈賄行為をし公務員が収賄行為する犯罪が多発したので、現在では予定価格を事前に公表する自治体が増えています。

(4) 知事への許可申請・認可申請に関する文書の公開請求
①　知事は、広範な許可権限や認可権限を有していますが、違法な許可や認可によって住民が被害を受けた場合や受けるおそれがある場合に許可または認可申請書類の公開請求をすることにより違法な許可や認可を防止する効果があります。
②　例えば、採石事業を行うには採石法に規定する採取計画について知事の認可が必要とされていますが、採石法に規定する採取計画の要件を満たしていないのに認可をしている場合があります。これらの許認可申請書類の1件当たりの枚数は多くなりますが、全部について公開請求をする必要があります。公開請求に際しては、申請書類だけでなく、その申請に対する処分の起案文書とその一切の付属書類も公開請求します。

(5) 監査委員の保有する監査に関する文書の公開請求
①　監査委員（自治体の財務会計の監査をする公務員）は定期的に自治体の各課の会計処理などについて監査を実施しますが、その定期監査の前に各課から提出を受けた調書などを公開請求すると会計上の問題点がよく分かります。
②　住民監査請求の結果は公表されていますが、ⓐいままでに提出された住民監査請求書の全部、ⓑその監査結果、ⓒその監査の過程で取得した一切の文書の公開請求をすると、その自治体の住民監査請求の実情（請求件数、勧告した件数など）が把握できます。

(6) 自治体の各課の備品台帳の公開請求
①　各自治体の会計規則で備品の範囲を決めていますが、年度末に余った予算で大量に買い込んで紛失している例が多数見られますので、備品台帳の公開請求が必要です。
②　備品台帳と現物との照合が必要ですが、これを拒否する課もありますから、議員とともに照合するなどの工夫が必要です。紛失の多いのは、

カメラ、レンズ類その他の移動させて使用する備品です。
(7) 出張旅費の会計書類と勤務記録の公開請求
　① カラ出張は内部告発がないと、なかなか発覚しないものですが、出張命令簿、出張旅費計算書、復命書、勤務記録などを照合してカラ出張を発見した例もあります。
　② タクシー使用簿、タクシー利用券との照合により交通費の不正請求を発見した例もあります。悪質な事例の場合には、刑事告発をする必要があります。
(8) 漁業補償金に関する会計書類などの公開請求
　① 一般に漁業補償金は積算根拠も示されず、補償金を受領した者も公開されないので闇の中で違法支出が行われることも多いのです。
　② 漁業補償金の全容は闇の中ですから、公開請求をするのも困難ですが、新聞記事や議会の予算書・議事録などで漁業補償金が支払われたらしいという情報を見つけた場合は、すぐに考えられる情報の全部（一切の会計書類、積算書類、協定書、覚書、契約書など）の公開請求をします。違法支出を発見した場合は、住民監査請求をした後に住民訴訟を提起します。筆者の住民訴訟の経験では、違法な漁業補償金の公金支出について高松高裁で高松市長に対する５億５千万円の賠償命令の勝訴判決を得ています。
(9) 議会の一般質問・委員会審議の録音テープの公開請求
　① 地方議会の本会議や委員会の議事録の調製には相当の期間を要しますから、急ぐ場合には、例えば、「何議員の一般質問およびそれに対する答弁の各部分を収録した録音テープ」のように記載した公開請求書を議会あてに提出し複製テープを入手します。
　② 一部の自治体では、録音テープは決裁していないなどの意味不明の理由を付けて複製に応じない自治体（香川県土庄町議会）もあります。最高裁判例は議会の録音テープも開示対象としています。議会以外の行政機関では、筆者の知る限り複製拒否はありません。
(10) 自治体所有地の無償貸付に関する文書の公開請求
　① 一般に自治体は多数の土地を所有していますが、自治体の使用しない土地について条例や内部規則に違反して無償で貸付をしている場合がありますから、無償貸付全部について公開請求をします。大部分は適法に

無償貸付をしていますが、違法な無償貸付もあります。
　② 違法な無償貸付を発見した場合は、住民監査請求をした後に住民訴訟を提起します。

(11) 自治体所有地の不法占有・不法占拠の放置に関する文書の公開請求
　① 一般に自治体は多数の土地を所有していますが、使用しない土地が不法占有ないし不法占拠されていることを知りながら放置している場合がありますから、これに関する文書を公開請求して住民監査請求をした後に住民訴訟を提起します。
　② 自治体の所有する土地（公有財産）は、ⓐ行政財産（自治体の公用または公共用に供する財産）とⓑ普通財産（行政財産以外の財産。例えば、町内会の集会所用地））とに分けられますが、自治体所有地の不法占有・不法占拠の放置は、ⓐ行政財産にもⓑ普通財産にも認められます。土地以外にも建物の不法占有・不法占拠の放置が認められる場合があります。

(12) 無駄な公用車や専用運転手の配置に関する文書の公開請求
　① 自治体の公用車には、ごみ収集車や道路補修車のように必須のものも多いのですが、自治体の長その他の特別職の自宅との送迎、夜間の宴会時の待機、接待相手の送迎などの必要のない場合にも多く公用車が使用されています。
　② 自治体の公用車の使用状況を問題とされる公用車についての運転日誌その他の一切の運転記録（運転区間、運転時間その他の記録）、専用運転手の時間外勤務記録の公開請求をして必要性のないことを主張して住民監査請求をします。

(13) 男女事務職員の制服に関する文書の公開請求
　① 必要もないのに自治体によっては男女事務職員に制服を支給している場合がありますから、制服に関する一切の会計書類、支給に関する一切の調書の公開請求をします。ワイシャツや背広を支給していた自治体もあります。
　② 会計書類をもとに住民監査請求をして必要のない男女事務職員の制服やワイシャツ支給の廃止を求めます。公務員の組合が反対する場合もありますから、必ずマスコミに発表することが肝要です。

(14) 自治体の長や議会に提出された請願書や陳情書の公開請求
　① 自分や他人の提出した自治体の長や議会に対する請願書や陳情書の公

開請求をすることによって、その請願や陳情が誠実に処理されたのかどうかが分かります。議会に対する請願書には、その議会の議員の署名・押印が必要ですが、陳情書や自治体の長に対する請願書には何らの制約もありません。

② 請願法第5条には「この法律に適合する請願は、官公署において、これを受理し誠実に処理しなければならない」と規定していますから、特に自分の提出した請願を公務員が誠実に処理しているかどうかを確認する必要があります。

③ 公開条例の利用によっても目的を達することができますが、各自治体の個人情報保護条例を利用して自分の提出した書類や自分に宛てた回答書の起案文書を公開請求することも可能です。個人情報保護条例によって自己情報の公開請求をした場合は、非公開の処分はなされません。

⑮ 補助金、助成金、負担金の支出に関する会計書類の公開請求

① 補助金、助成金、負担金という名目で必要もないのに多額の公金支出がなされていますから、特に補助金を中心に公開請求をします。補助金を受けようとする場合には、補助金により支払う内容その他の計画書類を付けた申請書を提出しますし、その事業の完了後に実績報告書類を提出する必要がありますから、少なくとも補助金の支出金調書、申請書類とその一切の添付書類、実績報告書の公開請求をする必要があります。

② 違法支出または不当支出と思われる書類の写しの交付を受けて住民監査請求をしますが、特に金額が多いとか明らかな違法性が認められる場合は住民訴訟を検討します。

⑯ 公務員の互助団体などの実体調査と補助金支出の会計書類の公開請求

① 公務員の互助会、共済会その他の名称の団体が公務員の慶弔などについて給付事業をしています。本来は、公務員が掛け金を出し合って公務員の慶弔時に一定金額の給付を行うものですが、多額の公金を補助金として支出している自治体があります。

② 公務員の互助会、共済会などの作成した文書であっても、自治体のどこかの部課が保有している場合は公開請求対象の文書（職務上取得した文書）となります。特に各種給付に関する規程類の全部を公開請求して公務員の掛け金との照合を行います。例えば、香川県高松市では、月額800円の市職員共済会の掛け金に対して退職時に800円分の中の600円

分（600円×在会月数）を返還するという都合のよい規程を設けています。更に、高松市は職員の掛け金800円のの2倍近い1500円も補助金支出をしているのです。大阪市でも同様に優遇措置が問題となっています。税金を食いものにしているのです。

第2章●
情報公開請求に対する非公開処分には、どのように対応するのですか

Q8 非公開処分への対応の仕方には、どんなものがありますか

1 非公開処分への対応の仕方

　自治体の情報公開条例によって行政文書の公開請求をした場合に、自治体の実施機関（自治体の長、教育委員会その他の委員会、監査委員、議会その他）が公開請求対象の行政文書の全部または一部を非公開とした場合には、行政不服審査法の規定によって不服申立（異議申立または審査請求）をすることができます。

　行政不服審査法の規定による不服申立（異議申立または審査請求）をせずに直ちに地方裁判所に非公開処分の取消訴訟を提起することもできます。更に、行政不服審査法の規定による不服申立（異議申立または審査請求）をしてその結論（裁決または決定）の出た後に地方裁判所に非公開処分の取消訴訟を提起することもできます。

　結局、非公開処分への対応の仕方は、次の3種類となります。

> (1) 行政不服審査法の規定による不服申立（異議申立または審査請求）
> (2) 非公開処分に対して直ちにその処分の取消を求める取消訴訟の提起
> (3) 行政不服審査法の規定による不服申立の結果の出た後の取消訴訟の提起

　この3種類の対応の仕方は、国の行政機関に対する開示請求の場合も同様になっています。

2 行政不服審査法とは、行政上の不服申立に関する一般法

　行政不服審査法とは、行政上の不服申立に関する一般法で、この法律の趣旨は、「行政庁の違法または不当な処分その他公権力の行使に当たる行為に関し、国民に対して広く行政庁に対する不服申立のみちを開くことによって、簡易迅速な手続による国民の権利利益の救済を図るとともに、行政の適正な運営を確保することを目的とする」と規定されています（行政不服審査法第1条第1項）。

行政不服審査法による不服申立の対象となる行為は「行政庁の違法または不当な処分その他公権力の行使に当たる行為」とされていますが、この場合の行政庁とは、自治体や国のような行政主体の意思を決定し、これを表示する権限を有する行政機関をいいます。例えば、自治体の知事・市町村長・教育委員会その他の行政委員会・監査委員や国の行政機関では大臣、権限を有する部局や出先機関の長などをいいます。自治体の情報公開条例では執行機関のほかに議会も含めていますから「実施機関」といっています。

　「違法または不当な処分」の違法とは法令違反のことをいい、不当とは法令違反ではないが、制度の目的からみて適当でないことをいいます。公権力とは、自治体や国のような行政主体が国民に対して命令し強制することのできる権限をいいます。自治体や国から公権力の行使の権限を与えられている行政機関を行政庁というのです。

　行政不服審査法による不服申立（異議申立と審査請求）は、行政庁の処分（行政処分）があったことを知った日の翌日から起算して60日以内にする必要があります（行政不服審査法第14条・45条）。行政庁は、不服申立をすることができる処分（行政処分）を書面でする場合には、その処分の相手方に対して、①その処分につき不服申立をすることができる旨、②不服申立をすべき行政庁、③不服申立をすることができる期間を書面により教示する必要があります（行政不服審査法第57条）。例えば、行政文書の全部非公開または一部非公開の決定通知書には、「この決定に不服があるときは、この決定があったことを知った日の翌日から起算して60日以内に〇〇市長に対して異議申立をすることができます」とか、「この決定に不服があるときは、この決定があったことを知った日の翌日から起算して60日以内に〇〇県知事に対して審査請求をすることができます」といった教示の内容が記載されています。ただ、全部公開だとして教示をしていない場合や教示の記載がない場合でも不服申立はできます。

3　行政不服審査法の規定による不服申立

　行政不服審査法の規定による不服申立には、①異議申立と②審査請求とがあります。
　(1)　異議申立とは、上級の行政庁がない場合に処分をした行政機関（処分庁）に対して申し立てる不服申立をいいます。例えば、非公開処分をした実施機関が市町村長や教育委員会のような場合は、上級の行政庁がないので異

議申立をすることになります。国の行政機関の大臣の場合も同じです。異議申立書は、処分庁へ1通を提出します。
(2) 審査請求とは、上級の行政庁がある場合に処分をした行政機関（処分庁）の直近の上級行政機関（審査庁）に対して申し立てる不服申立をいいます。例えば、非公開処分をした実施機関が県の出先機関の土木事務所長や土地改良事務所長のような場合は、知事が上級行政機関（審査庁）となるので、知事あてに審査請求をします。審査請求書は、上級行政機関（例えば、知事）あてに2通を提出します。

> ① 異議申立は、上級行政機関のない場合に処分をした行政機関へ申し立てる。
> ② 審査請求は、上級行政機関のある場合にその上級行政機関へ申し立てる。
> いずれも申立先（宛て先）は非公開処分の決定通知書で教示される。

不服申立（異議申立または審査請求）をするには費用は不要です。不服申立書は、できれば公開日に持参するのがベストですが、決定通知書を受領した日から60日以内に不服申立書の宛て先（処分庁または上級行政機関の審査庁）に到達するように郵送または持参します。60日を経過した場合は不服申立書を提出することができませんから、不服申立をしたい場合には、再度、同一または類似の公開請求書を提出して非公開処分の決定通知書を受領することが必要です。非公開処分の取消訴訟も処分のあったことを知った日から6カ月（改正法施行前は3カ月）を経過したときは取消訴訟を提起できないので、再度の公開請求を行う必要があります。

異議申立に対する処分庁の不服審査の結論を「決定」といい、審査請求に対する審査庁（上級行政機関）の不服審査の結論を「裁決」といいますが、決定や裁決を出す期間の制限はないため、自治体も国も事案によっては数年もかかっています。

4 非公開処分に対する取消訴訟

非公開処分に対する取消訴訟は、非公開処分があったことを知った日の翌日か6カ月以内（平成16年改正法施行前は3カ月以内）に訴えを提起する必要が

あります。処分があったことを知らない場合でも1年を経過したときは訴えの提起をすることはできません（行政事件訴訟法第14条）。ただ、取消訴訟を提起できる期間（出訴期間）については、実務上は、再度の公開請求により非公開処分の決定通知書を受領できますから何ら問題にはなりません。

　非公開処分に対して不服申立（異議申立または審査請求）をした場合には、不服審査に長期間を要するため、非公開処分があったことを知った日の翌日から6カ月以内に取消訴訟を提起することはできませんから、この場合には処分庁の決定または審査庁の裁決があったことを知った日の翌日から6カ月の期間が計算されます。

　非公開処分に対する取消訴訟のような行政庁の公権力の行使に関する不服の訴訟のことを抗告訴訟といいますが、取消訴訟の被告は、平成16年の行政事件訴訟法の改正前は、処分をした行政庁（例えば、知事、市町村長、出先機関の長）とされていましたが、改正後は「処分の取消の訴え」の被告は「当該処分をした行政庁の所属する国又は公共団体」とされましたので、例えば、実施機関（処分庁）が知事の場合は都道府県、市町村長の場合は各市町村、国の機関の場合は国が被告となります。平成16年の行政事件訴訟法の改正によって、行政庁（知事、市町村長、教育委員会その他）が取消訴訟を提起することができる処分をする場合には、処分の相手方に対して取消訴訟の被告とすべき者を教示しなければならないとされました（行政事件訴訟法第46条第1項）。例えば、非公開処分の決定通知書には、次のように記載されています。

　「この処分の取消の訴えは、この処分があったことを知った日の翌日から起算して6カ月以内に○○県を被告として提起することができます。」

　非公開処分に対する取消訴訟については、第4章で詳しく説明します。

Q9 非公開処分に対する「異議申立書」は、どのように書くのですか

1 異議申立

　異議申立とは、上級の行政庁がない場合に処分をした行政機関（処分庁）に対して申し立てる行政不服審査法による不服申立をいいます。例えば、非公開処分をした実施機関が知事、市町村長、教育委員会その他の行政委員会、監査委員のような場合は、上級の行政庁がないので異議申立をすることになります。国の行政機関の大臣の場合も同じです。実施機関（処分庁）に上級行政機関がある場合（例えば、都道府県の出先機関の長）には、次のQ10に述べる審査請求書を上級行政機関（審査庁）へ提出することになります。不服申立（異議申立または審査請求）には申立費用はかかりません。

　異議申立書の提出先（宛て先）は、行政文書の全部非公開または一部非公開の決定通知書に「この決定に不服があるときは、この決定があったことを知った日の翌日から起算して60日以内に〇県知事に対して異議申立をすることができます」のように記載されて公開請求者へ教示されます。郵送された決定通知書に非公開の行政文書があるのに誤って全部公開の決定通知書を送付された場合でも異議申立書を提出することができます。

2 異議申立書の書き方

　異議申立書の書き方は法律では決まっていませんが、記載する必要のある項目は次のように決まっています（行政不服審査法第48条・第15条第1項）。

> ① 異議申立人の氏名、住所、年齢（会社のような法人では名称と住所）
> ② 異議申立に係る処分
> ③ 異議申立に係る処分があったことを知った年月日
> ④ 異議申立の趣旨
> ⑤ 異議申立の理由
> ⑥ 処分庁の教示の有無およびその内容
> ⑦ 異議申立の年月日

行政文書の全部非公開または一部非公開の行政処分があった場合の「異議申立書」の記載例は次の通りです。次例は知事の非公開処分に対する異議申立の場合です。

異議申立書

平成○年○月○日

○○県知事　殿

異議申立人　　○○○○（印）

行政不服審査法に基づき下記の通り異議申立をする。

記

1　異議申立人の住所、氏名、年齢
　○県○市○町○丁目○番○号　　　○○○○　　　○○歳
2　異議申立に係る処分
　平成○年○月○日付 16 土木発第○○○○号文書による非公開処分
3　異議申立に係る処分があったことを知った年月日
　平成○年○月○日
4　異議申立の趣旨
　「2に記載の処分を取り消す。」との決定を求める。
5　異議申立の理由
　(1)　本件処分は、○○県情報公開条例の解釈適用を誤った違法な処分であり、本件処分を取り消し、全部公開をすべきである。
　(2)　本件「決定通知書」の「公開しない理由」は、○○県情報公開条例に規定する非公開事由に該当しない
　(3)　本件「決定通知書」の「公開しない理由」には、適法に処分理由が明示されていないので、○○県行政手続条例第8条に違反し本件処分は無効である。
　(4)　＜必要により適宜、理由を追加する＞
6　処分庁の教示の有無および内容
　「この決定に不服があるときは、この決定があったことを知った日の翌日から起算して60日以内に○○県知事に対して異議申立をすることができま

> す。」との教示があった。
> 　以上

(1)　表題は、異議申立書とします。用紙は一般にA4を使用します。
(2)　2行目の異議申立の年月日は、持参日または郵送の場合の投函日を記載します。
(3)　3行目の宛て先は、実施機関(処分庁)とします。個人名の記載は不要です。
(4)　4行目の異議申立人は、個人の氏名を記載して押印しますが、異議申立人が会社のような法人の場合は名称と代表者名を記載して代表者印を押印します。例えば、○○株式会社　代表者代表取締役○○○○　(代表者印)となります。ただ、一般に公開請求は会社の場合でも従業員個人の名義で行うのが便利です。
(5)　「異議申立人の住所、氏名、年齢」欄は、会社のような法人の場合は、名称、所在地、代表者名を記載します。
(6)　「異議申立に係る処分」欄は、非公開処分の決定通知書の作成年月日と文書番号によって非公開処分を特定します。
(7)　「異議申立に係る処分があったことを知った年月日」欄は、決定通知書の到達日を記載します。
(8)　「異議申立の趣旨」欄は、上例のように「決定を求める」と記載します。審査請求の場合には「裁決を求める」と記載します。
(9)　「異議申立の理由」欄は、上例の3つの理由を記載したうえ、その非公開について特に理由にあげたい事項を記載します。上例の「○○県行政手続条例第8条」は自治体によっては第8条でない場合もありますので確認が必要ですが、ほとんどの自治体では行政手続法第8条の丸写しですから、一般に第8条(理由の提示の必要性)となっています。

　　行政手続法第8条では、「①行政庁は、申請により求められた許認可等を拒否する処分をする場合は、申請者に対し、同時に、当該処分の理由を示さなければならない。(中略)②前項本文に規定する処分を書面でするときは、同項の理由は、書面により示さなければならない」と規定しています。情報公開請求は「申請」に該当しますから、非公開の処分をする場合には、公開請求者に対し、非公開処分と同時に、書面で適法な非公開理

由を示す必要があるのです。学説では、適法な処分理由を示さない拒否処分は無効になると解されています。

⑽　「処分庁の教示の有無および内容」欄には、教示の内容をそのまま記載しますが、教示のない場合は「処分庁の教示は無かった」と記載します。決定通知書には全部公開の形式をとっているが、実際には非公開文書があることを発見した場合は、非公開処分があったものとして「処分庁の教示は無かった」と記載して異議申立をします。

⑾　実施機関（処分庁）へ提出する通数は1通ですが、自分の控えをとっておきます。提出方法は、持参でも郵送でもかまいません。持参する場合は情報公開担当課へ持参します。

⑿　異議申立書には証拠となる書類を添付する必要はありません。

3　口頭による意見陳述をする権利

　上の記載例には記載していませんが、行政不服審査法第25条第1項但し書の規定により異議申立人や審査請求人は、実施機関である処分庁や上級行政機関の審査庁に対して、口頭による意見陳述をする権利が保障されています。各自治体の情報公開条例には、「情報公開審査会」を設置して非公開処分の当否についての審査をすることとされていますが、その審査の中で審査会が必要と認めた場合に限り、口頭による意見陳述を認めるとする自治体があります。しかし、情報公開条例による意見陳述と行政不服審査法による意見陳述とは異なりますから、たとえ、情報公開条例による審査会での意見陳述が認められない場合でも、法律である行政不服審査法第25条第1項但し書による意見陳述をする権利は保障されているのです。憲法第94条は「法律の範囲内で条例を制定することができる」と規定していますから、行政不服審査法に違反する条例の規定により口頭の意見陳述を拒絶することはできないのです。

　行政不服審査法第25条第1項では審査請求について規定していますが、異議申立にも準用されています。

> 　行政不服審査法第25条第1項　「審査請求の審理は、書面による。ただし、審査請求人又は参加人の申立があったときは、審査庁は、申立人に口頭で意見を述べる機会を与えなければならない。」

行政不服審査法第25条第1項但し書の規定に基づいて口頭の意見陳述を行う場合は、上の記載例の7として末尾に次を追加します。

> 　7　行政不服審査法第25条第1項但し書の規定による口頭の意見陳述の申立
> 　行政不服審査法第25条第1項但し書の規定により口頭の意見陳述を申立てる。
> 　以上

Q10 非公開処分に対する「審査請求書」は、どのように書くのですか

1　審査請求

　審査請求とは、上級の行政庁がある場合に処分をした行政機関（処分庁）の上級行政機関（審査庁）に対して申し立てる行政不服審査法による不服申立をいいます。例えば、非公開処分をした実施機関が県の出先機関の土木事務所長、土地改良事務所長、東京事務所長のような場合は、上級の行政庁である知事に対して審査請求をすることになります。国の出先の行政機関の長の非公開処分について大臣に対して審査請求をする場合も同じです。実施機関（処分庁）に上級行政機関（審査庁）がある場合（例えば、土木事務所長のような都道府県の出先機関の長）には、審査請求書を上級行政機関（審査庁）へ提出することになります。審査請求も異議申立と同様に費用はかかりません。

　審査請求書の提出先（宛て先）は、行政文書の全部非公開または一部非公開の決定通知書に「この決定に不服があるときは、この決定があったことを知った日の翌日から起算して60日以内に〇〇県知事に対して審査請求をすることができます」のように記載されて公開請求者へ教示されます。郵送された決定通知書に非公開の行政文書があるのに誤って全部公開の決定通知書を送付された場合でも、審査請求書を提出することができます。

2　審査請求書の書き方

　審査請求書の書き方は法律では決まっていませんが、記載する必要のある項目は次のように決まっています（行政不服審査法第15条第1項）。

> ① 審査請求人の氏名、住所、年齢（会社のような法人では名称と住所）
> ② 審査請求に係る処分
> ③ 審査請求に係る処分があったことを知った年月日
> ④ 審査請求の趣旨
> ⑤ 審査請求の理由
> ⑥ 処分庁の教示の有無およびその内容

⑦ 審査請求の年月日

　行政文書の全部非公開または一部非公開の行政処分があった場合の「審査請求書」の記載例は次の通りです。次例は県の出先機関の土木事務所長の非公開処分に対する審査請求の場合です。

審査請求書

　　　　　　　　　　　　　　　　　　　　　　　　　　平成〇年〇月〇日
〇〇県知事　殿

　　　　　　　　　　　　　　　　　　　　審査請求人　　〇〇〇〇（印）
行政不服審査法に基づき下記の通り審査請求をする。
記

1　審査請求人の住所、氏名、年齢
　〇県〇市〇町〇丁目〇番〇号　　　　〇〇〇〇　　　　〇〇歳
2　審査請求に係る処分
　平成〇年〇月〇日付 16〇〇土木事務所第〇〇〇〇号文書による非公開処分
3　審査請求に係る処分があったことを知った年月日
　平成〇年〇月〇日
4　審査請求の趣旨
　「2に記載の処分を取り消す。」との裁決を求める。
5　審査請求の理由
　(1)　本件処分は、〇〇県情報公開条例の解釈適用を誤った違法な処分であり、本件処分を取り消し、全部公開をすべきである。
　(2)　本件「決定通知書」の「公開しない理由」は、〇〇県情報公開条例に規定する非公開事由に該当しない。
　(3)　本件「決定通知書」の「公開しない理由」には、適法に処分理由が明示されていないので、〇〇県行政手続条例第8条に違反し本件処分は無効である。
　(4)　＜必要により適宜、理由を追加する＞
6　処分庁の教示の有無および内容

> 「この決定に不服があるときは、この決定があったことを知った日の翌日から起算して60日以内に○○県知事に対して審査請求をすることができます。」との教示があった。
> 　以上

⑴　表題は、審査請求書とします。用紙は一般にA4を使用します。
⑵　2行目の審査請求の年月日は、持参日または郵送の場合の投函日を記載します。
⑶　3行目の宛て先は、実施機関（処分庁）の上級行政機関とします。例えば、処分庁が県の出先機関の土木事務所長の場合は、県知事となります。個人名の記載は不要です。
⑷　4行目の審査請求人は、個人の氏名を記載して押印しますが、審査請求人が会社のような法人の場合は名称と代表者名を記載して代表者印を押印します。例えば、○○株式会社　代表者代表取締役○○○○（代表者印）となります。ただ、一般に公開請求は会社の場合でも従業員個人の名義で行うのが便利です。
⑸　「審査請求人の住所、氏名、年齢」欄は、会社のような法人の場合は、名称、所在地、代表者名を記載します。
⑹　「審査請求に係る処分」欄は、非公開処分の決定通知書の作成年月日と文書番号によって非公開処分を特定します。
⑺　「審査請求に係る処分があったことを知った年月日」欄は、決定通知書の到達日を記載します。
⑻　「審査請求の趣旨」欄は、上例のように「裁決を求める」と記載します。異議申立書では「決定を求める」と記載するのと異なります。
⑼　「審査請求の理由」欄は、上例の3つの理由を記載したうえ、その非公開について特に理由にあげたい事項を記載します。上例の「○○県行政手続条例第8条」は自治体によっては8条でない場合もありますので確認が必要ですが、ほとんどの自治体では行政手続法第8条の丸写しですから、一般に第8条（理由の提示の必要性）となっています。行政手続法第8条の説明は、本章Ｑ9に述べた通りです。
⑽　「処分庁の教示の有無および内容」欄には、教示の内容をそのまま記載

しますが、教示のない場合は「処分庁の教示は無かった」と記載します。決定通知書には全部公開の形式をとっているが、実際には非公開文書があることを発見した場合は、非公開処分があったものとして「処分庁の教示は無かった」と記載して審査請求をします。

⑾　実施機関（処分庁）の上級行政機関（審査庁）へ提出する通数は２通ですが、自分の控えをとっておきます。提出方法は、持参でも郵送でもかまいません。持参する場合は情報公開担当課へ持参します。

⑿　審査請求書には証拠となる書類を添付する必要はありません。

⒀　上の記載例には記載していませんが、行政不服審査法第25条第１項但し書の規定により審査請求人や異議申立人は、実施機関である処分庁や上級行政機関の審査庁に対して、口頭による意見陳述をする権利が保障されています。

　行政不服審査法第25条第１項但し書の規定に基づいて口頭の意見陳述を行う場合は、上の記載例の７として末尾に次を追加します。異議申立書の場合と同じです（この詳細は、本章のＱ９参照）。

　７　行政不服審査法第25条第１項但し書の規定による口頭の意見陳述の申立

　行政不服審査法第25条第１項但し書の規定により口頭の意見陳述を申立てる。

　以上

Q11 行政不服審査法による異議申立や審査請求は、どのように処理されますか

1　行政文書の非公開処分に対する不服申立

　行政文書の非公開処分に対する不服申立（異議申立か審査請求）は、各自治体の情報公開条例によって行政不服審査法の規定により不服申立をすることができるとされているほか、実施機関（処分庁）または処分庁の上級行政機関（審査庁）は、公開条例によって設置する部外者により構成する「情報公開審査会」へ諮問（意見を尋ねること）をし、その答申（諮問に対する意見）を得てから不服申立に対する結論（異議申立に対する決定、審査請求に対する裁決）を出すこととしています。

　情報公開審査会（名称は自治体により異なる）の構成員の数は、各自治体により異なりますが、おおむね5人程度（大学教授、弁護士その他の学識経験者）で構成されています。情報公開審査会の答申の性質は、単なる意見にしか過ぎませんから、実施機関（処分庁）の決定または処分庁の上級行政機関（審査庁）の裁決の内容を拘束するものではありません。

　しかし、行政側が「行政側にとって都合のよい答申には従うが、都合の悪い答申には従わない」といった恣意的な態度をとると、情報公開審査会の存在意義がなくなりますから、実際上は情報公開審査会の答申内容に従った決定や裁決がなされています。

2　行政文書の非公開処分に対する異議申立や審査請求の流れ

　行政文書の非公開処分に対する異議申立や審査請求のなされた場合の処理の流れは次のようになります。

(1)　実施機関（処分庁）から公開請求者へ非公開の決定通知書の送付
　　　↓
(2)　公開請求者は実施機関（処分庁）またはその上級行政機関（審査庁）へ不服申立
　　　↓

(3) 処分庁または審査庁から情報公開審査会へ諮問
　　↓
(4) 情報公開審査会から処分庁に対して非公開理由書の提出要求
　　↓
(5) 情報公開審査会は提出された非公開理由書を不服申立人（公開請求者）へ送付
　　↓
(6) 不服申立人は非公開理由書に対する意見書（反論書）を提出
　　↓
(7) 情報公開審査会は必要により不服申立人その他の関係人の意見聴取
　　↓
(8) 情報公開審査会の審査終了後に処分庁または審査庁へ答申を提出
　　↓
(9) 処分庁の決定書または審査庁の裁決書を不服申立人へ送付
　　↓
(10) 決定または裁決の内容に不服がある場合は非公開処分の取消訴訟の提起
（取消訴訟をする場合は実務上は非公開処分の直後に行うことが多い）

上記の各処理は、具体的には次のようになされます。
(1) 実施機関（処分庁）から公開請求者へ非公開の決定通知書が送付された時が、一般に処分内容を知った時になりますから、処分内容に不服がある場合は、直ちに不服申立書（異議申立書か審査請求書）を作成します。
(2) 公開請求者は、できる限り公開日時に実施機関（処分庁）またはその上級行政機関（審査庁）へ不服申立書を提出します。作成が間に合わない場合は、後日、郵送するか持参をします。持参する場合は情報公開担当課職員に渡します。
(3) 処分庁または審査庁は、不服申立書を受け取った後、速やかに情報公開審査会へ諮問をします。諮問をした事実を不服申立人に通知をする自治体もあります。
(4) 情報公開審査会は、処分庁（実施機関）に対して詳細な「非公開理由書」の提出を求めます。
(5) 情報公開審査会は、処分庁（実施機関）から提出された「非公開理由書」

を不服申立人（公開請求者）へ送付して、意見や反論がある場合には書面で提出することを求めます。提出するかどうかは不服申立人の自由です。一般に意見や反論を提出しても審査に反映されないのが実情です。
(6)　非公開理由書に対する意見や反論のある不服申立人は非公開理由書に対する意見書や反論書を情報公開審査会へ提出します。それらの提出した書面は、処分庁や審査庁にも渡されます。
(7)　情報公開審査会は、非公開とされた行政文書をイン・カメラ（審査会委員だけが見ること）の方法により実際に見て公開条例に規定する非公開事由に該当するかどうかを判断します。それでも判断できない場合は、必要により不服申立人その他の関係人の意見聴取をします。公開条例では一般に審査会が必要がないとした場合は、口頭の意見陳述はなされませんが、不服申立書に「行政不服審査法第25条第1項但し書の規定により口頭の意見陳述を申立てる」旨の記載をしておくと、審査会が口頭の意見陳述をさせない場合でも、処分庁または審査庁は、法律の規定により不服申立人に対して口頭の意見陳述をさせる必要があります。公開条例の規定により法律上の口頭の意見陳述請求権を奪うことはできないからです。更に、審査会の審査手続中で口頭の意見陳述をしたとしても、不服申立人が、不服申立書に「行政不服審査法第25条第1項但し書の規定により口頭の意見陳述を申立てる」旨の記載をしている場合は、行政機関は法律の規定による口頭の意見陳述を認める必要があります。
(8)　情報公開審査会は、審査終了後に処分庁または審査庁へ答申を提出しますが、答申の法的性質は諮問に対する単なる意見に過ぎないので、処分庁や審査庁が法的に答申内容に拘束されることはありません。しかし、実際上は処分庁や審査庁は一般的に答申内容に従った決定や裁決をしています。
(9)　処分庁の決定書または審査庁の裁決書を作成した後、行政庁は、不服申立人へ送付します。この決定書または裁決書に新たに公開する文書または新たに公開する部分が記載されている場合には、処分庁と公開日時を打ち合わせたうえ開示を受けます。
(10)　決定または裁決の内容に不服がある場合は、非公開処分の取消訴訟を提起することができます。提起することができる期間は、決定または裁決を知った日の翌日から6カ月（改正法施行前は3カ月）以内とされています。しかし、不服申立の結論が出るのに長期間を要しますから、取消訴訟を提

起する場合は、一般に非公開処分の直後に行います。出訴期間の6カ月（改正法施行前は3カ月）を経過した場合には、再度、同一または類似の公開請求書を提出して非公開の決定通知書を受領して取消訴訟を提起します。

Q12 情報公開請求の決定を長期間放置された場合は、どうするのですか

1　情報公開請求への対応

　情報公開条例では、公開請求に対しては原則として15日以内に全部公開、一部公開（一部非公開）、全部非公開、却下（不適法な公開請求の場合）のいずれかの決定（行政処分）がなされますが、公開条例では15日以内に決定ができない場合には、「30日を限度として」とか「45日を限度として」決定期間を延長することができる旨が規定されています。

　しかし、実施機関（処分庁）の故意または過失により、延長期間の通知もせずに延長期間を経過しても一切決定を行わない場合があります。このような実施機関（行政庁）の不作為（何らの処分をしないこと）に対しても、行政不服審査法による不服申立をすることができます。行政不服審査法では、「不作為とは、行政庁が法令に基づく申請に対し、相当の期間内になんらかの処分その他公権力の行使に当たる行為をすべきにかかわらず、これをしないことをいう」と規定しています（行政不服審査法第2条第2項）。

　行政庁の不作為についての不服申立は、その不作為に係る処分その他の行為を申請した者（例えば、公開請求者）が異議申立または不作為庁の直近上級行政庁に対する審査請求のいずれかをすることができます（行政不服審査法第7条）。

2　不作為についての異議申立書または審査請求書の書き方

　不作為についての不服申立書（異議申立書または審査請求書）の書き方は法律では決まっていませんが、記載する必要のある項目は次のように決まっています（行政不服審査法第49条）。

> ①　異議申立人または審査請求人の氏名、住所、年齢（会社のような法人では名称と住所）
> ②　不作為に係る処分その他の行為についての申請の内容と申請年月日
> ③　異議申立または審査請求の年月日

次の記載例は、県の出先機関の土地改良事務所長が公開請求を長期間放置して何らの決定をしない場合の「不作為についての審査請求書」の例です。

不作為についての審査請求書

　　　　　　　　　　　　　　　　　　　　　　　　平成○年○月○日
　○○県知事　殿
　　　　　　　　　　　　　　　　　　　審査請求人　　○○○○（印）
行政不服審査法に基づき下記の通り審査請求をする。
記

1　審査請求人の住所、氏名、年齢
　　○県○市○町○丁目○番○号　　　　○○○○　　　　○○歳
2　不作為に係る処分についての申請の内容
　　審査請求人が、○○県○○土地改良事務所長に対して平成○年○月○日に○県情報公開条例に基づき公開請求をした○○土地改良区および○○土地改良区の平成10年度以降の総代会の議案書および議事録の全部に係る申請
3　不作為に係る処分についての申請の年月日
　　平成○年○月○日
4　不作為の期間
　　申請日から11カ月
5　審査請求の趣旨および理由
　(1)　2記載の申請について直ちに必要な公開決定を行うよう○○県○○土地改良事務所長に対して命ずることを求める。
　(2)　2記載の申請について何らの行政処分を行わないことは○○県情報公開条例第○条の規定に違反するものである。
6　その他
　　行政不服審査法第25条第1項但し書の規定に基づく口頭による意見陳述を申し立てる。
　　以上

(1) この例は審査請求ですから、表題は「不作為についての審査請求書」とします。異議申立の場合は、「不作為についての異議申立書」とします。提出通数は、審査請求書は2通、異議申立書は1通です。
(2) この例は審査請求ですから、宛て先は、実施機関の上級行政機関の知事とします。異議申立の場合は、実施機関あてにします。
(3) 不作為に係る処分についての申請（公開請求）の内容は、申請内容が他の申請と区別でき特定できるように記載します。
(4) 不作為に係る処分についての申請の年月日は、その申請書（公開請求書）を提出した年月日を記載します。
(5) 不作為の期間、審査請求・異議申立の趣旨および理由は、必ずしも記載する必要はありませんが、記載してもかまいません。
(6) 行政不服審査法第25条第1項但し書の規定に基づく口頭による意見陳述は、審査請求ではできますが、異議申立はできません（行政不服審査法第52条）。
(7) 不作為についての不服申立書（審査請求書と異議申立書）の提出期限は、不作為の性質上ありませんから、不作為の続いている限り、いつでも不服申立ができます。

第3章●
住民監査請求制度は、どのように利用するのですか

Q13 住民監査請求制度とは、どんな制度ですか

1 住民監査請求

　住民監査請求とは、自治体（都道府県と市町村）の執行機関（知事、市町村長、教育委員会、監査委員その他）や職員の「違法または不当な」公金支出その他の財務会計行為などについて住民が監査委員に対して、その行為の是正・防止・損害の補塡（ほてん）のために必要な措置を求める制度をいいます（地方自治法第242条）。

　監査委員の住民監査請求の監査結果に不服がある場合は、住民訴訟を提起することができます。住民訴訟を提起するには事前に必ず住民監査請求を行う必要がありますが、これを住民監査請求前置主義といいます。住民監査請求には費用は不要です。

　住民監査請求制度の要点は、次の通りです。
(1) 自治体の長（知事、市町村長）、教育委員会その他の委員会、監査委員、職員の
(2) 違法または不当な
　① 公金の支出　　　　　　　　　　　　　　　（財務会計行為）
　② 財産の取得・管理・処分　　　　　　　　　（財務会計行為）
　③ 契約の締結・履行　　　　　　　　　　　　（財務会計行為）
　④ 債務その他の義務の負担　　　　　　　　　（財務会計行為）
　⑤ 公金の賦課徴収を怠る事実（不作為＝職務怠慢）　（怠る事実）
　⑥ 財産の管理を怠る事実（不作為＝職務怠慢）　　　（怠る事実）
　の4種類の財務会計行為と2種類の怠る事実について
(3) 住民が監査委員に対して住民監査請求書を提出して監査を請求し
(4) その財務会計行為の①事前の防止、②事後の是正、③損害の補塡その他の必要な措置を講ずべきことを請求することができます。怠る事実については①怠る事実を改めること、②損害の補塡に必要な措置を講ずべきことを請求することができます。

住民の範囲についてはQ 14 で、住民監査請求の対象についてはQ 15 で説明します。

2 監査委員

監査委員とは、地方自治法によって都道府県や市町村に置かれる執行機関の一つで、自治体の財務に関する事務の執行や経営に係る事業の管理を監査する機関をいいます（地方自治法第195条）。

監査委員の定数は、自治体の規模によって次のようになっています。
(1) 都道府県と人口25万以上の市にあっては、4人。
(2) その他の市にあっては、その市の条例の定めるところにより3人または2人。
(3) 町村にあっては、2人。

監査委員の選任は、自治体の長（知事・市町村長）が、議会の同意を得て、①人格が高潔で自治体の財務管理・事業の経営管理その他行政運営に関し優れた識見を有する者と②議員の中から選任することとされています。議員の中から選任される監査委員の数は、監査委員の定数が4人のときは2人または1人、3人以内のときは1人とされています（地方自治法第196条）。

監査委員の任期は、①識見を有する者については4年、②議員の中から選任される者については議員の任期内とされています（地方自治法第197条）。

3 監査委員の住民監査請求の結果を出す期間

監査委員は、住民監査請求の結果を住民監査請求があった日（住民監査請求書の到達した日）の翌日から60日以内に出す必要があります。ただ、住民監査請求書に不備があり補正をした場合には補正に要した期間は60日の計算に入れません。

住民監査請求の結果には、①棄却（住民の請求には理由がないとして請求を認めない結論）、②勧告（住民の請求には理由があると認める結論）、③却下（住民の請求は不適法であるとする門前払いの結論）に分けられます。②の勧告がなされることは、ほとんどありません。

監査委員の選任は自治体の長に都合のよい人を選んでいますから、市民オンブズ団体では、「監査委員制度は行政の防波堤に成り果てている」と言われています。しかし、住民監査請求を「大量かつ継続的に」行うことにより、それ

なりの行政監視の成果を上げることができます。

　住民訴訟を提起することができる期間は、監査委員の監査結果の通知書を受け取った日から30日以内とされていますので、住民訴訟を提起しようとする場合は、住民監査請求書を提出した時点から証拠書類の収集その他の準備を開始する必要があります。

Q14 住民監査請求ができる者は、どのようになっていますか

1　住民監査請求ができる者（請求権者）の範囲

　住民監査請求ができる者（請求権者）の範囲は、その自治体（都道府県や市町村）の住民に限られています。この場合の住民には、自然人（人間のこと）のほか、会社のような法人（自然人以外で権利の主体となれるもの）や法人でない団体（市民オンブズ団体、同窓会など）も含まれます。

　自然人の住所は住民票で確認できますが、会社その他の法人については登記所の法人登記簿で確認できます。

　法人でない団体については団体の内部規則で確認します。

　住民であっても未成年者（20歳未満の者）や成年被後見人（後見開始の家庭裁判所の審判を受けた者）のような行為能力（単独で契約のような法律行為のできる能力）を有しない者は含まれません。

　住民監査請求は、一人でも複数でもすることができます。

　しかし、住民監査請求人の地位は一身専属的なもので、相続による地位の承継（住民監査請求人の地位を引き継ぐこと）は認められませんから、住民訴訟を提起しようとする場合には、複数の者で住民監査請求をするのが無難です。転勤などにより他の自治体に住所を移転した場合も住民監査請求人の資格を失いますから、住民訴訟を提起しようとする場合には、できれば複数の住民から住民監査請求をしておくのが望ましいといえます。

```
                              ┌── 自然人（行為能力が必要）
住民監査請求の請求権者（住民）─┼── 会社その他の法人
                              └── 法人でない団体
```

2　住民であることという要件

　住民であることという要件は、住民監査請求書の提出時点で満たしていることが必要であると同時に、住民監査請求の手続が行われている間（住民監査請求書提出時から60日間）は継続して満たしていることが必要であると解されて

います。従って、住民監査請求人が転勤で他の自治体に転出したり死亡した場合には、住民監査請求は却下（不適法な請求として門前払いにすること）とされます。

　住民監査請求に引き続き行う住民訴訟を提起する場合には、住民訴訟の係属中は住民の要件を満たしていることが必要ですので、最高裁の判決が出るまで長期間を要しますから、住民監査請求を複数人で行い複数人が住民訴訟の原告となるのが無難です。

　複数の請求者が1通の住民監査請求書により住民監査請求を行ったが、請求者の一部が住民でなかった場合は、住所を有する者についてのみ受理されます。

　複数の請求者が1通の住民監査請求書により住民監査請求を行ったが、監査結果の出る前に請求者の一部が他の自治体に転出したり死亡した場合は、残りの住民の要件を満たす者に監査結果が通知されます。

　住民監査請求の請求権者は、その自治体に住所を有する者であれば足り、公金支出などの財務会計行為の終了後に住民となった者も含まれます。日本国籍を有することや納税者であることは請求権者の要件ではありません。

Q15 住民監査請求の対象者と対象となる事項は、どのようになっていますか

1　住民監査請求の対象者

　住民監査請求の対象者については、地方自治法第242条第1項で普通地方公共団体（都道府県と市町村）の①長、②委員会、③委員、④職員の4者とされています。住民監査請求は、これら4者の「違法または不当な」財務会計行為または怠る事実を対象とするものですから、対象者の指定のない場合は要件不備の不適法な住民監査請求として却下されることになります。

(1)　長とは、都道府県知事や市町村長をいいます。
(2)　委員会とは、都道府県や市町村の教育委員会、選挙管理委員会、人事委員会その他の行政委員会をいいます。
(3)　委員とは、監査委員を指します。
(4)　職員とは、議員を除くすべての職員をいいますから、一般職のほかに特別職も含まれます。都道府県知事や市町村長の補助機関の職員のほかに委員会や監査委員の事務を行う職員も含まれます。この職員には、直接的な原因である違法または不当な財務会計行為にかかわった専決権者（自治体の長に代わり常に決定権限を行使する者）のような職員のほか、その者に対する指揮監督権により当該行為を防止し阻止し得る権限を有する者（専決をさせた長）も含まれます。

2　住民監査請求の対象者の特定

　住民監査請求は、その自治体の①都道府県知事や市町村長、②教育委員会その他の委員会、③監査委員、④職員の「違法または不当な」公金支出のような財務会計行為または公金の賦課徴収や財産の管理を怠る事実を対象とするものですから、これらの4者の機関または職員を指定して住民監査請求を行う必要があります。しかし、特定の職員の氏名や役職名まで指定する必要はなく、例えば、「本件公金支出につき責任を有する者」として特定することもできます。ただ、住民訴訟で特定の職員に対する損害賠償請求を求める場合には職員名を特定する必要があります。

住民監査請求の対象者が複数の場合でも、住民監査請求の対象とする事件（公金支出その他の財務会計行為または怠る事実）が同一の場合には1通の住民監査請求書に全員を記載します。住民監査請求の対象者が特定されていない場合は、要件不備として却下されますが、実務上は要件の補正（訂正）が可能ですから、監査委員から住民監査請求人に対して補正を求めることになります。補正に応じない場合には却下されます。

3　住民監査請求の対象となる事項

住民監査請求の対象となるものは、次の「違法または不当な」4種類の財務会計行為と「違法または不当な」2種類の怠る事実とされています（地方自治法第242条第1項）。「違法」とは、法令や条例に違反することをいい、「不当」とは、法令や条例には違反しないが、妥当でないことをいいます。

① 違法または不当な公金の支出　　　　　　　（財務会計行為）
② 違法または不当な財産の取得・管理・処分　（財務会計行為）
③ 違法または不当な契約の締結・履行　　　　（財務会計行為）
④ 違法または不当な債務その他の義務の負担　（財務会計行為）
⑤ 違法または不当な公金の賦課徴収を怠る事実　（不作為＝職務怠慢）
⑥ 違法または不当な財産の管理を怠る事実　　（不作為＝職務怠慢）

(1) 違法または不当な公金の支出

公金とは、法令上、自治体（都道府県と市町村）の管理に属する金銭をいいます。公金の支出には、次の①支出負担行為、②支出命令、③支出の3つの手続が含まれます。

① 支出負担行為とは、法令や予算に基づいて決定される支出の原因となる契約その他の行為をいいます。例えば、公共工事の請負契約、物品の購入契約、補助金の交付決定、退職金の支出決定などをいいます。支出負担行為は、自治体が支払義務を負う予算の執行の最初の行為で、その決裁権限を有するのは自治体の長ですが、自治体の内部規則によって部長や課長の専決（常時、長に代わって決裁すること）で行っています。

② 支出命令とは、自治体の長またはその委任を受けた職員（専決決裁権限者）が、支出負担行為により自治体の債務が確定した旨を出納長（都

道府県の場合）または収入役（市町村の場合）に通知し、その支出を命令する行為をいいます。

③　支出とは、出納長または収入役が自治体に対する金銭債権を有する者に対して現金の交付その他の手段により支払いをする行為をいいます。支出に際しては、支出命令の根拠となる支出負担行為が法令や予算に違反していないことと支出負担行為に係る債務が確定していることを確認したうえでなければ支出することはできません。

```
┌─────────┐   ┌─────────┐   ┌─────────┐
│支出負担行為│ → │ 支出命令 │ → │  支出   │
└─────────┘   └─────────┘   └─────────┘
     ↑              ↑              ↑
長または専決権者  長または専決権者  出納長・収入役
```

(2) 違法または不当な財産の取得・管理・処分

　　この場合の財産とは、①公有財産、②物品、③債権、④基金をいいます。

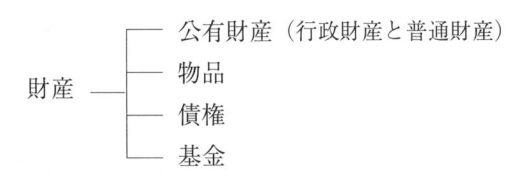

```
            ┌── 公有財産（行政財産と普通財産）
            ├── 物品
財産 ───────┤
            ├── 債権
            └── 基金
```

①　公有財産とは、自治体の所有する財産で、ⓐ行政財産（自治体の公用または公共用に供する財産）とⓑ普通財産（行政財産以外の財産）に分けられます。例えば、不動産（土地と建物）、船舶、地上権、特許権、著作権などがあります（地方自治法第238条第1項）。自治体が管理をしていても所有していないものは公有財産ではありません。

②　物品とは、自治体の所有する動産（不動産以外の物）のほかに自治体が使用するために保管する物品も含まれます（地方自治法第239条第1項）。

③　債権とは、金銭の給付を目的とする自治体の権利をいいます（地方自治法第240条）。例えば、地方税、使用料、手数料などがあります。この債権には、自治体が第三者に対して有する不法行為に基づく損害賠償請求権や不当利得返還請求権も含まれます。

④　基金とは、自治体の条例により特定の目的のために財産を維持し資

金を積み立てまたは定額の資金を運用するために設けたものをいいます（地方自治法第241条第1項）。例えば、学校建設のために積み立てる基金、資金の貸付のための基金があります。

「財産の取得」とは、契約や行政処分により自治体に財産の取得の効果を発生させる執行機関（長、委員会など）や職員の行為をいいます。例えば、用地取得の購入契約があります。

「財産の管理」とは、財産価値の維持を図る執行機関や職員の行為をいい、「財産の処分」とは、財産の売買、交換、贈与その他の所有権移転や消費、廃棄などの執行機関や職員の行為をいいます。

(3) 違法または不当な契約の締結・履行

契約の締結・履行とは、自治体を一方の当事者とする売買契約、交換契約、贈与契約、請負契約、賃貸借契約その他の財産上の契約の締結や履行をする執行機関や職員の行為をいいます。自治体の契約の締結は、原則として①一般競争入札によりますが、例外として特定の場合に限り②指名競争入札、③随意契約、④せり売りによることができるとされています（地方自治法第234条）。例えば、公共工事の請負契約があります。

(4) 違法または不当な債務その他の義務の負担

債務その他の義務の負担とは、自治体に財産上の義務を生じさせる執行機関や職員の行為をいいます。例えば、予算措置のない補助金の交付決定、予算で定めた額を超える借入金の決定、予算措置のない職員の昇給決定などがあります。

(5) 違法または不当な公金の賦課・徴収を怠る事実（不作為＝職務怠慢）

公金の賦課・徴収を怠る事実とは、自治体が法令や条例の規定に基づき公権力（自治体が私人に対して命令し強制する権限）の行使として特定の者に対して具体的な金銭納付義務を発生させ、それを強制的に徴収することをいいます。賦課とは、地方税、手数料、法令や条例に基づく使用料などの納付を命ずる処分をいいます。徴収とは、これらの歳入について納付がない場合に督促や滞納処分の手続により強制的に取り立てることをいいます。

(6) 違法または不当な財産の管理を怠る事実（不作為＝職務怠慢）

財産の管理を怠る事実とは、自治体の有する財産（公有財産、物品、債権、基金）の管理についての執行機関や職員の職務怠慢（不作為）をいいます。

例えば、公有財産である土地が不法占有されているのに何らの措置を取らずに放置しているような場合です。

4 住民監査請求の対象の特定

住民監査請求の対象となるものは、以上の4種類の財務会計行為と2種類の怠る事実（職務怠慢＝不作為）ですが、住民監査請求を行う場合には、その対象を個別的・具体的に特定する必要があります。

住民監査請求の対象をどの程度に個別的・具体的に特定する必要があるかについて、最高裁判例（平成3年6月5日最高裁第三小法廷判決・判例時報1372号）は次の通り相当の厳格な特定を要求しています。

(1) 対象とする財務会計行為や怠る事実を監査委員が行うべき監査の端緒を与える程度に特定すれば足りるというものではない。
(2) 対象とする財務会計行為や怠る事実を他の事項から区別して特定認識できるように個別的、具体的に摘示することを要する。
(3) 対象とする財務会計行為や怠る事実が複数である場合には、その行為などの性質、目的などに照らしこれらを一体とみて、その違法または不当性を判断するのを相当とする場合を除き、各行為などを他の行為などと区別して特定認識できるように個別的、具体的に摘示することを要する。
(4) 監査請求書やこれに添付された事実を証する書面の各記載、監査請求人が提出したその他の資料などを総合しても、監査請求の対象が上記の程度に具体的に摘示されていないと認められるときは、その監査請求は、請求の特定を欠くものとして不適法である。

住民監査請求の実務では、事実証明書として新聞記事や情報公開請求により取得した会計書類を添付した場合には、特に問題となることはありません。

5 住民が求めることのできる「必要な措置」

住民は、「違法または不当な」財務会計行為または怠る事実（職務怠慢）があると認めるときは、監査委員に対して次のような「必要な措置」を求めることができます。

(1) 違法または不当な財務会計行為の「事前の防止」
(2) 違法または不当な財務会計行為の「事後の是正」

(3) 違法または不当な財務会計行為の「損害の補塡(ほてん)」
(4) 違法または不当な怠る事実につき「怠る事実を改めること」
(5) 違法または不当な怠る事実につき「損害の補塡」

　監査委員の「必要な措置」は住民の求めた措置や上記の措置に限定されず、その他の必要な措置（担当職員の降任など）をとることを勧告することもできます。

Q16 住民監査請求の請求期間は、どのようになっていますか

1　住民監査請求をすることができる期間

　住民監査請求をすることができる期間は、その違法または不当な財務会計行為のあった日または終わった日から1年以内とされています。1年を経過したときは、正当な理由がある場合を除き、住民監査請求をすることはできません（地方自治法第242条第2項）。怠る事実（不作為＝職務怠慢）の場合には、不作為の性質上、請求期間の制限はありません。

　違法または不当な財務会計行為の「あった日」とは、公金支出とか契約締結のような一時的な行為のあった日を意味します。

　また、違法または不当な財務会計行為の「終わった日」とは、相当の期間継続する行為（例えば、違法な土地使用貸借契約）が終わった日を意味します。

　住民監査請求の請求期間は、公金支出のような一時的行為については、その行為があった日の翌日から起算し、土地使用貸借契約のような継続する行為については貸付期間が終わった日の翌日から起算して、各1年以内に住民監査請求を行う必要があります。

　1年の期間計算は、地方自治法に特別の規定はないので、民法の原則に従って「あった日」または「終わった日」の翌日から暦に従って計算することになります。

　怠る事実（不作為＝職務怠慢）の住民監査請求の請求期間については、不作為の性質上、請求期間の制限は受けないとされています。しかし、怠る事実が終了した後、その怠る事実によって生じた損害の補填をするために必要な措置を講ずべきことを求めて住民監査請求をする場合は、その怠る事実が終了した日から1年内に住民監査請求をする必要があると解されています。

2　1年の請求期間の制限の規定

　1年の請求期間の制限の規定は、「正当な理由」がある場合には適用されないとされています（地方自治法第242条第2項但し書）。この場合の「正当な理由」の意味について、判例は、天災地変があった場合や財務会計行為が秘密裡に行

われて住民が知ることができなかったような住民監査請求を1年以内にできない客観的な障害がある場合に限られ、住民の病気や旅行のような主観的事情は含まれないとしています。

住民が財務会計行為の存在自体を知らなかった場合について、最高裁判例（昭和63年4月22日最高裁第二小法廷判決・判例時報1280号）は、正当な理由の有無は、①住民が相当の注意力をもって調査したときに客観的にみて当該行為を知ることができたかどうか、また、②当該行為を知ることができたと解される時から相当な期間内に監査請求をしたかどうかによって判断すべきものであるとしています。これによると①と②の要件を満たした場合に限り、適法な住民監査請求とされるのです。

従って、実際には、毎日膨大な量が作成される会計書類でも、自治体の情報公開条例によって公開請求ができる場合には「正当な理由」があるとは認められません。この理屈は、公開請求をすれば知ることができたのに、住民が公開請求をしなかったので「正当な理由」と認められないというものです。結局、住民は、日常的に公開請求を継続して行うことが大切なのです。

「正当な理由」の有無は、最高裁判例の判断基準によっても厳格な要件が必要とされていますから、実際に「正当な理由」が認められる場合は、ほとんど存在しません。

Q17 住民監査請求書は、どのように書くのですか

1　住民監査請求書の書式

　住民監査請求書の書式は、地方自治法施行規則に「職員措置請求書様式」として定められていますが、その規定に従わなくても必要な事項が全部記載されておれば、縦書きでも横書きでもかまいません。実務上は次に述べるような住民監査請求書の書式が用いられています。この記載例は、市有財産の漁港の管理を怠る事実について住民監査請求をした場合の例で、珍しく監査委員の「勧告」の出されたものです。

　地方自治法第252条の43の規定に基づいて、「監査委員の監査に代えて個別外部監査契約に基づく監査」によることができることを条例で定めている自治体（特に制約はない）の住民は、この個別外部監査契約による監査を求めることができます。次の記載例は、個別外部監査契約に基づく監査を求めている例ですから、このような条例のない場合は、その部分は記載しません。

住民監査請求書

平成○年○月○日

○○市監査委員　殿

請求人（住所）　○県○市○町○丁目○番○号
　　　　（氏名）（署名をする）　　　（印）
　　　　（職業）自営業　（電話）000-000-0000

　下記の通り地方自治法第242条第1項の規定により別紙事実証明書を添え必要な措置を請求する。併せて、同法第252条の43第1項の規定により、当該請求に係る監査について、監査委員の監査に代えて個別外部監査契約に基づく監査によることを求める。

記

第1　請求の要旨
　別紙事実証明書（○○市河港課職員作成の「○○漁港不法占用物件一覧表」及び○○市市長作成名義の平成○年○月○日付河港第○○○○号文書）記載の通り、氏名不詳の○○市職員は、○○市の行政財産である○○漁港が事実証明書記載の屋台、大型冷蔵庫、鋼材、船舶により不法占用されていることを知りながら、故意に不法占用に対して撤去させず、及び、占用許可ないし目的外使用許可をせずに当該占用料ないし使用料の徴収を違法に怠っていることは明白である。本件怠る事実は、地方自治法第242条第1項に規定する「違法又は不当な」財産の管理を怠る事実又は公金の賦課徴収を怠る事実に該当するものである。本件住民監査請求の対象は、平成○年○月○日以降の違法又は不当な財産の管理を怠る事実又は公金の賦課徴収を怠る事実を対象とするものである。
　よって、本件請求人は、○○市監査委員が、上記の○○市市長も認める○○漁港の不法占用に係る違法又は不当な財産の管理を怠る事実又は公金の賦課徴収を怠る事実について責任を有する者に対して当該損害の補塡を求めるほか「必要な措置」をとるよう○○市市長に対して勧告することを求める。

第2　監査委員の監査に代えて個別外部監査契約に基づく監査によることを求める理由
　住民監査請求の分野においては、従来の監査委員の制度は全く機能しておらず、信用できないので、個別外部監査契約に基づく監査を求める必要がある。
　　以上

(1)　表題は「住民監査請求書」とします。「○○県職員措置請求書」とか「○○市職員措置請求書」のような表題でもかまいません。
(2)　用紙の規格は決まっていませんが、一般にA4サイズまたはB5サイズの用紙に横書き・片面印刷にします。
(3)　2行目の日付は提出日を記載しますから、持参日または郵送投函日となります。
(4)　宛て先は、提出先の監査委員とします。監査委員の氏名は不要です。
(5)　請求人の住所・氏名・職業・連絡先電話番号を記載しますが、氏名は署

名をして認め印で押印をします。職業は簡潔に記載します。

(6)　「地方自治法第242条第1項の規定により……請求する」と記載して請求の意思を明確にします。「併せて、同法第252条の43第1項の規定により」以下は、個別外部監査契約による監査の条例がある自治体（都道府県、政令指定都市、中核市、その他）に限り記載します。個別外部監査契約による監査によるかどうかは監査委員が決定しますから、ほとんど認められません。その場合は、従来の監査委員が監査を行います。

(7)　本文の事実証明書は何を添付したのかを明確にします。事実証明書は必ず添付する必要がありますが、何を添付するのかは決まっていません。典型的な事実証明書としては①違法または不当な公金支出や怠る事実を報道した新聞記事、②情報公開条例による公開請求で取得した会計書類のコピー、③自治体の長に対する照会の回答文書のコピー、④公開請求によって交付を受けた各課の職員の作成した文書のコピーなどがあります。事実証明書は厳密な意味での証拠となる書類である必要はありません。

(8)　本文中の「氏名不詳の○○市職員は」と指定しているのは、住民監査請求の対象者を指定する必要があるからです。具体的な氏名まで指定する必要はありません。

(9)　本文中の不法占用物件を「屋台、大型冷蔵庫、鋼材、船舶」と限定しているのは、住民監査請求の対象となる事項を特定する必要があるからです。後日、その他の物があることが分かった場合は別の住民監査請求をします。

(10)　本文中の「本件住民監査請求の対象は、平成○年○月○日以降の……を対象とするものである」としているのも、住民監査請求の対象期間を明確にしたものです。

(11)　本文中に「財産の管理を怠る事実又は公金の賦課徴収を怠る事実」としていますが、本来、公金の賦課徴収には法令により特定人に具体的な金銭納付義務を発生させる必要がありますから、不法占用では一般にこの義務は発生していません。しかし、監査委員は法律に素人の場合が多いので、考えられる限りの請求（主張）をしておきます。

(12)　本文中の「よって……」の部分は結論の部分で、この例に準じた記載をします。

(13)　第2の監査委員の監査に代えて個別外部監査契約に基づく監査によることを求める理由は、個別外部監査契約に基づく監査に関する条例のある自

治体の場合に記載します。

2　監査委員の事務局職員がチェックする点

　監査委員の事務局職員は、次の点をチェックしますから、住民監査請求書の作成に際しては特に注意をします。監査委員の事務局に住民監査請求書を持参した場合には、その場でチェックをする場合がありますが、指摘された事項に問題がないと考える場合はその場で補正（訂正）をします。補正の必要がないと思う場合は、その場での補正をする必要はありません。補正を求めるのは、あくまでも監査委員だからです。郵送で提出した場合に補正が必要であるときは、その旨の通知が郵送されます。しかし、補正が必要でないと思う場合は、補正に応じる必要はありませんが、その場合には一般に監査委員は却下とします。この場合には、補正を必要とする理由を聞いて、再度、住民監査請求書を提出します。

　監査委員の事務局職員の主なチェック項目は、次の通りです。
(1)　請求の要旨に次の事項が記載されているか。
　①　対象とする財務会計行為や怠る事実が特定されているか。
　②　対象とする執行機関や職員が特定されているか。
　③　違法または不当とする根拠が記載されているか。
　④　必要な措置の内容（損害の補塡、事前の防止その他）の記載はあるか。
(2)　事実証明書は添付されているか。
　　（形式的に添付されておればよく、内容に不足があるか否かは問いません）
(3)　請求人の住所・氏名・職業・電話が記載されており押印がされているか。
(4)　請求人の氏名は署名（サイン）がなされているか。
(5)　表題、請求年月日、宛て先は記載されているか。
(6)　財務会計行為については請求期間の1年を経過していないか。
(7)　請求期間の1年を経過している場合は「正当な理由」の記載はあるか。

Q18 住民監査請求は、どのように処理されますか

1 住民監査請求の処理の流れ

住民監査請求の処理の流れは、次のようになります。

住民監査請求書の提出	① 各自治体の監査委員あてに提出します。 ② 事務局職員が形式的な確認をして受付けます。 ③ 提出は持参のほか郵送でもかまいません。
↓	
住民監査請求書の要件の審査	① 監査委員は不備がある場合には期限を定めて請求人に補正(訂正)を命じます。 ② 不備のない場合や補正した場合は受理します。
↓	
監査の実施	① 請求人に証拠の提出と陳述の機会を与える必要があります。 ② 監査委員は緊急の必要がある場合などに手続が終了するまでの間、財務会計行為を停止することを勧告することができます。
↓	
監査結果の決定	① 監査委員の監査や勧告は請求日から60日以内に行う必要があります(受理日からではなく受付日から計算します)。 ② 監査や勧告の決定は監査委員の合議によります。

請求に理由なし 棄却・却下 ・ 請求に理由あり 勧告　① 請求に理由なしの結果(棄却・却下)に対して住民訴訟を提起できます。

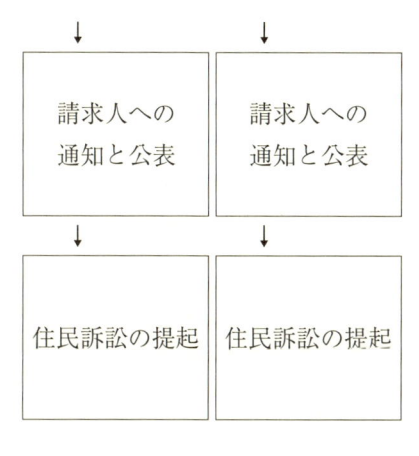

```
     ↓                ↓
┌──────────┐   ┌──────────┐
│ 請求人への │   │ 請求人への │
│ 通知と公表 │   │ 通知と公表 │
└──────────┘   └──────────┘
     ↓                ↓
┌──────────┐   ┌──────────┐
│住民訴訟の提起│  │住民訴訟の提起│
└──────────┘   └──────────┘
```

② 請求に理由ありの結果(勧告)に不服のある場合も住民訴訟を提起できます。
③ 監査結果に不服のある場合でも監査委員に対して異議申立はできません(住民訴訟による不服申立に限られます)。勧告に不服がない場合は、勧告の内容が実行される期限まで待って、監査委員に実行内容を照会します。実行された場合は監査委員から請求人に通知されます。実行されない場合は住民訴訟を提起できます。

2 住民監査請求の処理

住民監査請求の処理についての注意事項は次の通りです。
(1) 住民監査請求書は、監査委員あてにして監査委員の事務局へ持参するか郵送をします。持参した場合は、事務局職員が形式的な確認をして受付をします。監査委員の監査結果は受付日から60日以内に出す必要があります。
(2) 住民監査請求書の受付後に監査委員は記載事項に不備がないかどうかの要件の審査を行いますが、不備がある場合は請求人に補正を求めます。不備がない場合や補正に応じた場合は監査委員は受理をします。受理という概念は実務上のもので60日の計算は受理日から計算されることはありません。請求人は補正命令があっても適法でない場合は応じる必要はありませんが、実務上は補正に応じるか、却下された後に新たな再度の住民監査請求をします。
(3) 監査の実施に際し請求人に証拠の提出と陳述の機会を与える必要がありますが、請求人は、必要がない場合には証拠の提出や陳述をしなくてもかまいません。請求人の陳述は代理人によって行うこともできますが、委任状の提出が必要です。請求人の口頭による陳述に代えて書面により陳述することもできます。
(4) 監査委員は財務会計行為が違法であると思料するに足りる相当な理由があり、その行為により自治体に生ずる回復困難な損害を避けるため緊急の必要があり、かつ、その行為を停止することにより人の生命・身体に対す

る重大な危険の発生その他公共の福祉を著しく害するおそれがないと認めるときは、自治体の長その他の執行機関や職員に対して、理由を付して監査手続が終了するまで、その行為を停止すべきことを勧告することができます。この場合には、監査委員は、この勧告の内容を請求人に通知するとともに公表する必要があります（地方自治法第242条第3項）。

(5) 監査委員は請求人の陳述の聴取を行う場合や自治体の長その他の執行機関・職員の陳述の聴取を行う場合には、必要により自治体の長その他の執行機関・職員を立ち会わせることができます。

Q19 住民訴訟とは、どんな制度ですか

1 住民訴訟とは

住民訴訟とは、住民監査請求をした者が監査結果に不服がある場合に住民監査請求の対象とした「違法な」公金支出などの財務会計行為や怠る事実について損害の補填、行為の差し止めなどを求めて提起する地方自治法上の制度をいいます（地方自治法第242条の2）。住民監査請求が「違法または不当な」公金支出などの財務会計行為や怠る事実を対象としているのとは異なり、「違法な」ものに限定されています。

住民訴訟を提起することができる者は、その自治体の住民であって、かつ、適法な住民監査請求をした者に限られます。監査委員が不適法な住民監査請求であるとして却下（不適法な請求として門前払いにすること）した場合でも、適法か否かは裁判所が判断することですから、住民訴訟を提起することはできます。しかし、実務上は適法な住民監査請求を経て棄却（請求人の請求には理由がないとするもの）された後が無難です。

住民訴訟の対象となる「違法な」4種類の財務会計行為と「違法な」2種類の怠る事実は次の通りです（これらの詳細はQ15参照）。

> ① 違法な公金の支出　　　　　　　　　　　　　　（財務会計行為）
> ② 違法な財産の取得・管理・処分　　　　　　　　（財務会計行為）
> ③ 違法な契約の締結・履行　　　　　　　　　　　（財務会計行為）
> ④ 違法な債務その他の義務の負担　　　　　　　　（財務会計行為）
> ⑤ 違法な公金の賦課徴収を怠る事実　（不作為＝職務怠慢）（怠る事実）
> ⑥ 違法な財産の管理を怠る事実　　　（不作為＝職務怠慢）（怠る事実）

2 住民訴訟によって裁判所に請求できる事項

住民訴訟によって裁判所に請求できる事項は、地方自治法第242条の2の第1項の「第1号から第4号まで」に次のように規定されています。平成14年

の地方自治法の改悪により第4号請求の被告が従来は公務員個人を被告とすることができたのに反して、自治体の執行機関を被告とすることになりました。

> (1) 執行機関または職員に対する財務会計行為の全部または一部の差し止めの請求（第1号請求）
> (2) 行政処分である財務会計行為の取消または無効確認の請求（第2号請求）
> (3) 執行機関または職員に対する怠る事実の違法確認の請求（第3号請求）
> (4) 職員または財務会計行為もしくは怠る事実に係る相手方に損害賠償請求または不当利得返還請求をすることをその自治体の執行機関または職員に対して求める請求。ただし、職員または財務会計行為もしくは怠る事実に係る相手方が地方自治法第243条の3の第3項の規定による賠償命令の対象となる者である場合にあっては、その賠償命令をすることを求める請求（第4号請求）

(1) 執行機関または職員に対する財務会計行為の全部または一部の差し止めの請求（第1号請求）

　第1号請求は、自治体の住民が裁判所に自治体の執行機関（長、教育委員会その他の委員会、監査委員）や職員（執行機関の補助機関）の違法な財務会計行為の差し止めを求める請求ですが、差し止め請求を提起しただけでは財務会計行為の執行を停止する効力はありません。第1号請求の例には、違法な補助金支出の差し止め請求、違法な公共工事請負契約の締結行為の差し止め請求、違法な退職金支出の差し止め請求、校舎取り壊し差し止め請求などがあります。第1号請求の被告は、執行機関または職員（権限を有する補助機関としての職員で個人ではない）となります。

(2) 行政処分である財務会計行為の取消または無効確認の請求（第2号請求）

　第2号請求は、財務会計行為が①行政処分（公権力の行使として国民に法的規制をなす行為）としての性格を有する場合は取消請求、②行政処分が無効の場合はそれを確認する無効確認の請求を認めたものです。第2号請求の対象となる例は少ないのですが、例えば、市民会館のような行政財産（自治体の所有する公用または公共用に供する財産）の目的外使用許可処分（市

民会館を民間業者に結婚式場として使用許可した場合)、市道の用途廃止処分などがあります。第2号請求の被告は、取消または無効確認を求める行為をなした自治体の執行機関となります。

(3) 執行機関または職員に対する怠る事実の違法確認の請求(第3号請求)

　第3号請求は、公金の賦課徴収を怠る事実と財産の管理を怠る事実に対する違法確認の請求を認めたものです。第3号請求の被告は、執行機関(長、委員会、監査委員)または職員(執行機関の補助機関)となります。

　例えば同じ怠る事実について第3号請求と第4号請求とを併せて提起することも可能です。

(4) 職員または財務会計行為もしくは怠る事実に係る相手方に損害賠償請求または不当利得返還請求をすることをその自治体の執行機関または職員に対して求める請求。ただし、職員または財務会計行為もしくは怠る事実に係る相手方が地方自治法第243条の3の第3項の規定による賠償命令の対象となる者である場合にあっては、その賠償命令をすることを求める請求(第4号請求)

　第4号請求は、平成14年の地方自治法の改悪により従来の個人を被告とする制度が廃止され、次例のように被告を執行機関として、責任のある個人に損害賠償請求などを行うことを請求する制度に変更されました。

(例1)　4号本文の「請求の趣旨」は、「被告(執行機関)は、〇〇〇〇(責任のある個人氏名)に対し金〇億円及びこれに対する平成〇年〇月〇日から支払済まで年5分の割合による金員を請求せよ。」というようになります。

(例2)　4号但し書の請求対象者が賠償命令の対象となる者である場合の「請求の趣旨」は、例えば、「被告(執行機関)は、〇〇〇〇(責任のある個人氏名)に対し金〇億円及びこれ対する平成〇年〇月〇日から支払済まで年5分の割合による金員の賠償の命令をせよ。」のようになります。

　同じ怠る事実について第4号請求と第3号請求とを併せて提起することも可能です。(訴状の「請求の趣旨」の書き方は、第4章のQ21で説明します)

3　住民訴訟を提起することができる期間

　住民訴訟を提起することができる期間(出訴期間)は、次の4つの定められ

た日から30日以内とされています（地方自治法第242条の2の第2項）。出訴期間が短いので、実務上は住民監査請求書を提出した時点から住民訴訟の証拠の収集、訴状の作成その他の準備を開始します。

(1) 監査委員の監査結果または勧告に不服がある場合は、監査結果または勧告の内容の通知があった日から30日以内。

(2) 監査委員の勧告を受けた議会・自治体の長その他の執行機関または職員の措置に不服がある場合は、その措置に係る監査委員の通知があった日から30日以内。

(3) 監査委員が住民監査請求をした日から60日を経過しても監査や勧告を行わない場合は、60日を経過した日から30日以内。

(4) 監査委員の勧告を受けた議会・自治体の長その他の執行機関または職員が措置を講じない場合は、勧告に示された期間を経過した日から30日以内。

なお、30日の期間の計算は初日を算入せず、翌日から計算します。

住民訴訟を提起することができる裁判所は、その自治体（都道府県または市町村）の事務所（都道府県庁または市町村役場）の所在地を管轄する地方裁判所の専属管轄（特定の裁判所だけに限定していること）とされています。

第4章●
非公開処分の取消訴訟や住民訴訟は、どのようにするのですか

Q20
訴訟の仕組みは、どのようになっているのですか

1 取消訴訟と住民訴訟

　本章では、①行政文書非公開処分の取消訴訟と②住民訴訟の本人訴訟の仕方を中心に説明しますが、これらの行政事件訴訟も本書で説明する僅かの特例を除いて、通常の民事訴訟と同様の手続で審理が進められます。第6章のQ41の「国家賠償請求訴訟」も通常の民事訴訟手続で審理されます。行政事件訴訟法は民事訴訟法の特例を規定していますが、行政事件訴訟法に定めのない事項は民事訴訟の例によることとされています（行政事件訴訟法第7条）。本章の条文数だけの表示は民事訴訟法の条文数を示しています。民事訴訟規則は規則と表示します。

　訴訟（取消訴訟、住民訴訟、国家賠償請求訴訟その他の民事訴訟）の仕組みは簡単で、①まず「事実」があって、②その事実に法律を適用して、③判決を下すというだけのものです。裁判官は、具体的な「事実」を認定して判断基準である法律を適用し判決という結論を出すのです。裁判官は法律の専門家であっても「事実認定」の専門家ではありませんから、民事裁判には誤判が多いのです。

　「事実認定」とは、文字通り「事実はどうであったのかを裁判官が証拠によって認定すること」をいいます。事実の認定は、裁判官の自由な心証により行うこととされていますから、どんな確実な証拠があって、裁判官が「信じられない！」といえばそれまでで、どんな裁判官に当たるか分からないことから裁判の勝敗の予測は困難なのです。一審判決と二審判決の結論が正反対になるのも、裁判官の事実認定の結論が異なるからです。本来、裁判制度を信用してはならないのですが、裁判制度を行政監視の目的に利用することはできるのです。

2 訴訟の仕組み

　訴訟の仕組みを手続の流れからみると、次のように①申立（もうしたて）、②主張、③立証、④判決の各段階に分かれます。

　(1) 申立（もうしたて）とは、訴えを提起することをいいます。訴えを提起するには、原告（訴えを提起した者）が裁判所に「訴状」を提出します。申立には、①原告

が被告（訴えられた者）に対して行う権利主張である請求と②原告が裁判所に対して行う訴えを含みます。
(2) 主張とは、自分の言い分を述べることをいいます。当事者（原告と被告）の双方は自分の言い分を書いた「準備書面」を提出して、原告・被告・裁判所の3者間で審理が進められます。
(3) 立証とは、自分の言い分が正しいことを証明することをいいます。立証をする責任は原則として原告にあります。この段階を証拠調べといいますが、訴訟手続の中で最も重要です。
(4) 判決は、裁判官の自由な心証により認定した事実に法律を適用してなされますが、事実の認定の誤りや法律適用の誤りから誤判が発生します。

3　通常の民事訴訟の手続の流れ

　通常の民事訴訟（行政事件訴訟も同じ）の手続の流れは、次のようになります。民事訴訟の手続は、民事訴訟法と民事訴訟規則に定められています。本章の「裁判所」とは、1人または複数の裁判官で構成される審理機関を意味します。民事訴訟手続の全般については本書の著者による『絶対に訴えてやる！』（緑風出版）が参考になります。

訴えの提起	①　裁判所に訴状の正本と副本（正本と同じもの）を提出します。 ②　裁判の手数料の収入印紙も同時に提出します。 ③　裁判所の指定する種類の郵便切手も同時に提出します。
↓	
訴訟の送達	①　裁判所は訴状の副本を被告に送ります。 ②　訴状の副本には第1回口頭弁論期日の呼出状と答弁書の催告状（提出期限などを書いた書面）が添付されます。「期日」とは、裁判所の審理の行われる日時をいいます。
↓	
答弁書の提出	①　被告が訴状の内容についての応答を書いた答弁書を指定の期限までに裁判所に提出するとともに原告に直送します。 ②　直送できない場合は裁判所書記官に送付を依頼します。

第1回口頭弁論期日	① 原告は訴状を陳述し、被告は答弁書を陳述します。 ② 次回の期日が指定されます。
口頭弁論の続行	① 判決ができるようになるまで口頭弁論期日が続行されます。 ② 口頭弁論期日前に原告も被告も準備書面を裁判所に提出するとともに相手方にも直送します。
証拠調べ	① 口頭弁論の手続により争点が明確になると証拠調べ手続に入ります。 ② 証拠調べのためには当事者からの証拠の申出が必要です。
口頭弁論の終結	① 判決ができる状態になった時に口頭弁論を終結します。 ② 裁判長は判決言渡し期日を指定します。
判決の言渡し	① 判決は言渡しによって成立し、判決の効力が生じます。 ② 判決の言渡し期日には出頭する必要はありません。
上 訴	① 一審判決に不服のある当事者は控訴を提起することができます。 ② 二審（控訴審）判決に不服のある当事者は上告することができますが、上告できる場合は二審判決に憲法違反がある場合などに制限されています。

Q21 訴えの提起は、どのようにするのですか

1　訴えの提起

　訴えの提起は、原告となる者が「訴状」という書面を作成して裁判所に提出する必要があります。訴状の作り方は法律では決まっていませんが、実務上は最高裁判所の示した次の書式によってA4サイズに横書き・片面印刷で作成しています。手書きで作成する場合も、これに準じた書式で作成します。

1行　37文字	上部余白　35 mm
1頁の行数　26行	下部余白　27 mm
文字サイズ　12ポイント	左側余白　30 mm
	右側余白　15 mm

　訴状は片面印刷で作成し、左側2カ所をホチキスで綴じますが、中央付近は綴じ穴のために最低8cm以上は空けておきます。各頁には、－1－、－2－のような頁数を付けておきます。2枚以上になりますから、各綴り目に原告が訴状に使用する印鑑で契印（割印）をしておきます。

2　訴状の書式

　訴状の書式も決まっていませんが、実務上は最高裁判所の示した次のような書式で作成しています。次の例は、知事の非公開処分の取消訴訟の記載例です。平成16年6月公布の行政事件訴訟法改正法によったものです。改正法の施行前については本章Q31に説明しました。

```
                   訴　　状
                              平成〇年〇月〇日
○○地方裁判所　御中
                          原告　　〇〇〇〇　（印）
```

〒000-0000　○県○市○町○丁目○番○号（送達場所）
　　　　　　原告　　　　○○○○
　　　　　　　（電話番号 000-000-0000)

〒000-0000　○県○市○町○丁目○番○号　○○県庁
　　　　　　被告　　　　○○県
　　　　　　　　　　代表者○○県知事　○○○○

行政文書非公開決定処分取消請求事件
　訴訟物の価額　　160万円（算定不能）
　貼用印紙額　　　1万3千円

第1　請求の趣旨
　1　被告の行政庁○○県知事が、原告に対して、平成○年○月○日付け土木発第○○○○号「行政文書一部公開決定通知書」でなした行政文書非公開決定処分を取り消す。
　2　訴訟費用は被告の負担とする。

第2　請求の原因
　1　原告は、○県○市に住所を有する者である。被告は、○県情報公開条例（平成○年○月○日条例第○号）（以下「本件公開条例」という）の実施機関とされている行政庁である○県知事の所属する公共団体である。
　2　原告は、被告の行政庁である○県知事に対し、本件公開条例に基づき平成○年○月○日付けの行政文書公開請求書を提出し、次の行政文書の公開を請求して閲覧及び写しの交付を求めた。
　　(1)　平成○年度以降に株式会社○○採石から提出された採石法に基づく採取計画の認可に係る申請書及び当該申請書に添付された地図、図面、同意書その他の一切の文書並びに当該各申請に対する一切の起案文書及びそれに添付されている一切の文書
　　(2)　平成○年度以降に株式会社○○採石から提出された森林法に基づく

各種林地開発許可に係る許可申請書及び当該申請書に添付された地図、図面、同意書その他の一切の文書並びに当該各申請に対する一切の起案文書及びそれに添付されている一切の文書
 3　これに対して、被告の行政庁○県知事は、平成○年○月○日付け土木発第○○○○号「行政文書一部公開決定通知書」に記載の通り、当該各行政文書の全部又は一部について非公開決定の処分（以下「本件非公開処分」という）をなした。
 4　しかし、本件非公開処分は、当該各行政文書が、何ら本件公開条例に規定する非公開事由に該当しないにもかかわらず、該当するとしてなされた違法な非公開処分である。
 5　よって、原告は、本件非公開処分の取消を求める。

証拠方法
1　甲第1号証　平成○年○月○日付け行政文書公開請求書控え
2　甲第2号証　平成○年○月○日付け土木発第○○○○号「行政文書一部公開決定通知書」
3　甲第3号証　○県情報公開条例（平成○年○月○日条例第○号）写し

附属書類
1　訴状副本　　　　1通
2　甲号証写し　　各2通
　以上

(1)　書面の表題は「訴状」とします。提出年月日と提出裁判所名を記載しますが、①提出期限（出訴期間）が法律で決められている場合があり、(a)非公開処分の取消訴訟については処分があったことを知った日から6カ月以内（改正前は3カ月以内）、(b)住民訴訟については監査結果の通知があった日などから30日以内とされています。②提出先の裁判所は法律で決められていますが、(a)非公開処分の取消訴訟については被告が自治体の場合は、自治体の事務所所在地（都道府県庁や市町村役場の所在地）の地方裁判所（国

家賠償請求訴訟も同じ）、被告が国の場合は東京地方裁判所または被告の住所地の高等裁判所所在地を管轄する地方裁判所、(b)住民訴訟の場合は自治体の事務所所在地（都道府県庁や市町村役場の所在地）の地方裁判所とされます（詳細は、本章Q 31 参照）。

(2) 当事者（原告と被告）の表示は、各当事者の住所と氏名で特定しますが、非公開処分の取消訴訟や住民訴訟の被告は次のようになります（詳細は、本章Q 31 参照）。

① 非公開処分の取消訴訟の被告は、その処分をした行政庁（実施機関）の所属する自治体または国となります（行政事件訴訟法第11条）。実際には、非公開処分の決定通知書で被告は教示されます。

② 住民訴訟の被告は、第1号請求ないし第4号請求により異なりますが、自治体の執行機関（都道府県知事、市町村長、教育委員会その他の委員会、監査委員）または職員（執行機関の補助者として当該行為をなす権限を有する者）となります（地方自治法第242条の2）。

③ 原告は住所と氏名で特定しますが、原告の送達場所（訴訟書類を法定の方法で交付する場所）を住所とする場合は上例のように記載し、勤務先その他にする場合は「送達場所・〒000-0000 ○県○市○町○丁目○番○号○○有限会社内」のように記載します。送達は一般に特別の書留郵便（特別送達）として郵送されます。原告の電話番号、郵便番号も記載します。FAXを利用できる場合はFAX番号を記載してもかまいません。

④ 原告が会社の場合は次のように記載します。

〒000-0000　○県○市○町○丁目○番○号（送達場所）
　　　　原告　　　○○株式会社
　　　　　　　　　代表者代表取締役　○○○○
　　　　　　　　　（電話番号 000-000-0000）

(3) 事件名の書き方は決まっていませんが、非公開処分の取消訴訟では上例のように記載し、住民訴訟では損害の補填を求める場合は「損害賠償請求事件（住民訴訟）」とします。第6章のQ 41の国家賠償請求訴訟では「損害賠償請求事件（国家賠償請求）」とします。他の例では、貸金返還請求事件、土地建物明渡請求事件、建物賃借権確認請求事件のような表記をします。事件名が長過ぎる場合は裁判所が短くします。

(4) 訴訟物の価額（訴額）は、原告が訴えで主張する経済的利益の額を記載

します。例えば、1千万円の貸金返還請求では1千万円となります。しかし、上例のような非公開処分の取消訴訟では経済的利益の額が算定できないので、訴額は160万円とみなされています。住民訴訟の場合も同じです。財産権上の請求でない場合の訴額は160万円とみなされます（民事訴訟費用等に関する法律第4条第2項）。

(5) 貼用印紙額は、訴訟物の価額（訴額）に応じて決められており、訴額が160万円の場合は1万3千円とされています。訴額に応じて次例のように高額になります。最低額は訴額10万円までは1千円とされています（民事訴訟費用等に関する法律第3条第1項）。

訴額が10万円までは1千円（最低額）	訴額が50万円では5千円
訴額が100万円では1万円	訴額が500万円では3万円
訴額が1千万円では5万円	訴額が2千万円では8万円
訴額が3千万円では11万円	訴額が4千万円では14万円
訴額が5千万円では17万円	訴額が6千万円では20万円

収入印紙額は購入前に書記官に確認します。収入印紙には消印（割印）をしてはなりません。収入印紙は貼らずに訴状受付係に渡すのが無難です。

(6) 訴状には記載しませんが、裁判所の指定する種類の郵便切手（約7千円程度）を訴状受付係に渡しておく必要があります。訴状副本の送達その他に使用しますが、判決後に残った分は返還されます。切手の種類や数は裁判所によって異なりますから、事前に訴状受付係に電話で確認します。切手に代えて現金としている裁判所もあります。

(7) 請求の趣旨は、原告が、その訴えでどのような内容の判決を求めるのかを記載します。一般に原告が勝訴した場合の判決の主文に対応する文言が用いられます。次の記載例があります（詳細は、本章Q31参照）。

① 住民訴訟の第4号本文請求で、執行機関に特定職員への損害賠償を求める例

> 1 被告○○市長は、□□□□に対し、金○億○千万円及びこれに対する本件訴状送達の日の翌日から支払済みに至るまで年5分の割合による金員を支払うよう請求せよ。

> 2　訴訟費用は被告の負担とする。

　被告は執行機関である自治体の長とし、□□□□（個人名）は自治体の長またはその他の職員（補助機関）としています。訴額は160万円（算定不能）で印紙は1万3千円となります。
　(a)　第4号本文の「請求の趣旨」の基本型は「被告○県知事は、X（個人名）に対し金○億円及びこれに対する平成○年○月○日から支払済みまで年5分の割合による金員を支払うよう請求せよ。」となります。
　(b)　第4号但書の「請求の趣旨」の基本型は「被告○県知事は、Y（個人名）に対し金○億円及びこれに対する平成○年○月○日から支払済みまで年5分の割合による金員の賠償の命令をせよ。」となります。
②　住民訴訟の第4号請求と第3号請求で、談合により自治体に損害を与えた会社や執行機関・職員に対する損害賠償請求と損害賠償請求を違法に怠っている確認を求める例
　訴額は160万円（算定不能）で印紙は1万3千円となります。

> 1　被告○県知事は、訴外株式会社A、同株式会社B、同株式会社C、同株式会社D、同株式会社E、同F、同G、同Hに対し、連帯して金○億○千万円の賠償を支払うよう請求せよ。
> 2　被告○県知事が、訴外株式会社A、同株式会社B、同株式会社C、同株式会社D、同株式会社E、同F、同G、同Hに対し、金○億○千万円の損害賠償請求を怠ることは違法であることを確認する。
> 3　訴訟費用は被告の負担とする
> との裁判を求める。

③　一般の損害賠償請求（交通事故その他）、国家賠償請求（公務員の違法行為を原因とする自治体や国への賠償請求）の基本型では、次のようになります。

> 1　被告は、原告に対し、金○○万○○円及びこれに対する本訴状送達の日の翌日から支払済みまで年5分の割合による金員を支払え。
> 2　訴訟費用は被告の負担とする。

3 仮執行宣言

　　(a) 訴訟費用とは、裁判手数料の収入印紙代、郵便切手代、証人の日当や旅費などをいい、弁護士費用は含まれません。弁護士費用は訴訟の勝敗にかかわらず、各自の負担とされますが、例外的に不法行為による損害賠償請求では敗訴者に負担させる場合もあります。訴訟費用は敗訴者から取り立てることができますが、通常少額の場合が多く、別の取り立て手続が必要ですから、取り立てない場合が多いのです。

　　(b) 仮執行宣言とは、判決が確定する前に強制執行のできる効力を与える裁判をいいます。判決の確定によって執行できるのが原則ですが、確定が引き延ばされることによる勝訴者の不利益を考慮して付けられる場合があります。

(8) 請求の原因は、原告の請求を特定するのに必要な事実を記載します。請求の原因の記載によって審判の対象が明確になります。

(9) 証拠方法とは、裁判官が事実を認定する資料として取り調べることができる物的証拠（物証）と人的証拠（人証）をいいます。物証には、文書（書証といいます）、場所その他の物があります。人証には、証人、鑑定人、当事者本人があります。

　　原告の提出する書証（文書）を甲号証といい、甲第1号証、甲第2号証のように一連番号を付します。被告の提出する書証を乙号証といい、乙第1号証、乙第2号証のように一連番号を付します。書証番号は書証写しに記載しますが、その位置は、横書文書は右上隅とし、縦書文書は左上隅とします。目立つように赤鉛筆で記載します。書証の番号は、本来は裁判官が付けるものですが、実務上は当事者が付けて問題がない場合は、そのまま使われます。

(10) 附属書類の表示は、上例のような訴状に添付する書類を記載します。

(11) 訴状の提出通数は、裁判所用（正本）1通と被告用（副本）各1通ですが、原告の控えに訴状受付係の受付印を貰っておきます。被告が1名の場合は同じものを3通持参します。郵送でも提出できますが、収入印紙や切手の枚数を十分確認しておくことが大切です。持参した場合は、受付終了時に事件番号（行政事件訴訟では「平成○年（行ウ）第○○号」、一般の民事訴訟

なら「平成〇年（ワ）第〇〇号」のように付けられる）を聞いて帰ります。

3　裁判所の種類と管轄

　裁判所の種類には、①地方裁判所、②簡易裁判所、③家庭裁判所、④高等裁判所、⑤最高裁判所の５種類がありますが、訴状を提出する一審の裁判所は①②③のいずれかになります。行政事件訴訟は①の地方裁判所となります。③は離婚や離縁のような家庭内の事件を扱います。②は訴訟物の価額（訴額）が140万円以下の事件を扱い、140万円を超える場合は①の地方裁判所が扱います。このような訴額によって裁判所の管轄が決まることを事物管轄といいます。ただ、国家賠償請求訴訟のような複雑な事件は、訴額が１円でも地方裁判所へ移送されて地方裁判所で審理される場合があります。

　訴状を提出する裁判所は法律によって決められており、非公開処分の取消訴訟と住民訴訟では上の２の(1)（訴状の説明）に述べた通りですが、一般の民事訴訟の主な管轄では次のようになっています。どの土地の裁判所の管轄になるかを土地管轄といいます（5条）。いずれかの管轄裁判所へ訴えを提起できます。

(1)　原則は、被告の住所地（会社は本店所在地）を管轄する裁判所
(2)　貸金請求・売掛金請求その他の金銭支払請求では、義務履行地を管轄する裁判所（これらの支払義務は契約のない限り債権者の住所で履行することになっているので、債権者の住所地を管轄する裁判所となります）
(3)　交通事故のような不法行為の損害賠償請求では、不法行為発生地の裁判所
(4)　不動産に関する事件では、その不動産所在地の裁判所
(5)　相続に関する事件では、被相続人（死亡した人）の最後の住所地の裁判所
(6)　手形や小切手に関する支払請求では、手形や小切手の支払地の裁判所
(7)　事務所や営業所での業務に関する事件では、事務所や営業所の所在地の裁判所

　その他にも「合意管轄」といって原告と被告の合意（事前の契約書による場合が多い）のある場合は、その合意された裁判所の管轄となります。その他にも種々の管轄が認められていますから、訴状の提出先の裁判所が分からない場合は地元の地方裁判所の訴状受付係（民事受付）で確認をします。

Q22 訴状を提出した後は、どのように処理されますか

1 訴状の審査

　裁判所の訴状受付係で受け付けられた訴状が担当部に回付されると、裁判長は訴状を審査して、訴状に必ず記載しなければならない事項（①当事者、②請求の趣旨、③請求の原因の3つの必要的記載事項）の記載や裁判手数料の収入印紙に不備がある場合には、相当の期間を定めてその期間内に不備を補正することを原告に命じます。原告が不備を補正しない場合は、裁判長は、命令（裁判の種類の一つ）で訴状を却下します（第137条）。

2 訴状副本の送達

　裁判長は、訴状を受理すべきものと認めた場合には、書記官に命じて原告から提出された訴状の副本（被告用）を被告に送達させます。送達とは、裁判所が当事者その他の利害関係人に訴訟書類の内容を知らせるために法定の方式によって書類を交付することをいいます。訴状の副本の送達は、一般に特別送達という書留郵便で行われます。送達が必要とされる書類は、訴状の副本、期日の呼出状、訴えの変更申立書、判決書などに限られており、それ以外の書類は「送付」で足りるとされていますから、普通郵便やFAXによって送付することができます。

　被告への訴状副本の送達によって事件は裁判所で審理される状態となりますが、この状態のことを「訴訟係属」といいます。裁判長は、訴えの提起があったときは、速やかに第1回口頭弁論期日を指定して、その期日に裁判所に出頭するよう当事者（原告と被告）を呼び出す必要があります。期日とは、裁判所で審理をする日時をいいますが、裁判長は、最初の口頭弁論期日は、特別の事由がある場合を除き、訴えが提起された日から30日以内の日に指定する必要があります（規則60条第2項）。

3 口頭弁論期日の呼出状・答弁書催告状

　裁判所の書記官が被告に訴状副本を送達する場合には、①第1回口頭弁論期

日の呼出状、②答弁書の催告状(さいこくじょう)(提出期限などを記載した書面)もいっしょに送達されます。原告には第１回口頭弁論期日の呼出状が送達されます。

　答弁書とは、訴状に書かれた原告の申立に対して被告がする最初の応答を書いた準備書面(自分の言い分を書いた書面)をいいます。答弁書の催告状には答弁書の提出期限や作成上の注意事項が記載された文書が添付されています。

　呼出状や答弁書催告状の書式は決まっていませんが、次例のような事項が記載されています。次の事件番号の中の(行ウ)の符号は地方裁判所の行政事件訴訟を示しています。地方裁判所の通常の民事事件は(ワ)となります。高等裁判所や最高裁判所へ上訴した場合は、それぞれの事件番号が付けられます。

事件番号　平成○年(行ウ)第○○○号　損害賠償請求事件
原告　　○○○○
被告　　○○○○

　　　　　　　　　　　　　　　　　　　　　　　平成○年○月○日

口頭弁論期日呼出・答弁書催告状

被告　　○○○○　殿

　　　　　　　　　　　　　　　　　　○○地方裁判所民事部
　　　　　　　　　　　　　　　　　　裁判所書記官　　○○○○　(印)
　　　　　　　　　　　　　　　　　　　　　　　電話 000-000-0000
　　　　　　　　　　　　　　　　　　　　　　　FAX000-000-0000

　原告○○○○から訴状が提出されました。期日は平成○年○月○日午後○時と定められましたから、同期日に当裁判所第○号法廷(○階)に出廷してください。なお、訴状を送達しますから、平成○年○月○日までに答弁書を提出してください。
(出頭の際には、この呼出状を法廷で示してください)
裁判所の所在地　　○県○市○町○丁目○番○号

4　第１回口頭弁論期日の指定

　第１回口頭弁論期日の指定は、裁判長が当事者(原告と被告)の都合を聞かずに指定しますから、その期日が本人の結婚式の日であるとか海外出張が決

まっていたような場合は、次のような上申書1通を裁判所へ提出して期日を変更してもらうことができます。

平成○年（行ウ）第○○○号　損害賠償請求事件
原告　○○○○
被告　○○○○

　　　　　　　　　　　　上申書

　　　　　　　　　　　　　　　　　　　　平成○年○月○日
○○地方裁判所民事部　御中

　　　　　　　　　　　　　　　　　　原告　　○○○○（印）

　頭書事件について、原告は、下記の通り期日の変更を申し立てる。
　　　　　　　　　　　　　記
1　指定された第1回口頭弁論期日の日は、既に海外出張することが決定されていて出頭できないので、期日を変更されたい。
2　差し支え日は、平成○年○月○日から平成○年○月○日までの間と平成○年○月○日から平成○年○月○日までの間であるので、その他の日を指定されたい。
　以上

　原告または被告が最初の口頭弁論期日に出頭しなかった場合は、裁判所は、原告が提出した訴状や被告が提出した答弁書その他の準備書面に記載した事項を陳述(口頭で述べること)したものとみなして、出頭した相手方に弁論(主張や証拠の提出をすること)をさせることができます(第158条)。これを陳述の擬制(陳述したものとみなして陳述の効果を与えること)といいますが、最初の口頭弁論期日に限られます。被告が答弁書を提出せず、期日にも出頭しないと、訴状に書いてあることを認めたものとして扱われ、欠席のままで裁判されます。
　第2回口頭弁論期日以降は、裁判長が、原告と被告の都合を聞いて期日を指定しますから、期日の変更はできませんが、病気で緊急入院した場合のような顕著な事由がある場合に限り期日の変更が許されます(第93条第3項)。その場合には上例に準じた「口頭弁論期日変更申立書」を提出して期日の変更を申

し立てます。

5　訴状に誤りがあった場合

　訴状を裁判所に提出した直後に訴状の誤りに気づいたときは、訴状受付係に連絡して訂正印だけで訂正できるかを確認します。しかし、被告に送達した後などで訂正印だけでは訂正できない場合は、次のような「訴状訂正申立書」を提出します。

平成○年（行ウ）第○○○号　損害賠償請求事件
原告　○○○○
被告　○○○○

訴状訂正申立書

　　　　　　　　　　　　　　　　　　　　　　平成○年○月○日
○○地方裁判所民事部　御中

　　　　　　　　　　　　　　　　　　　　　原告　　○○○○（印）
　頭書事件について、原告は、下記の通り訴状を訂正する。
　　　　　　　　　　　　　　記
1　請求の趣旨第2項中の「930万円」とあるのを「920万円」と訂正する。
2　請求の原因第3項中の「平成17年3月7日付け」とあるのを「平成17年3月8日付け」と訂正する。
　いずれも誤記によるものである。
　以上

---

(1)　裁判所への提出通数は訴状の場合と同じです。郵送による提出もできます。
(2)　通常の民事訴訟では請求金額を増額する場合は不足分の収入印紙が必要ですが、減額する場合は不要です。住民訴訟の場合は収入印紙額は変更しません。

Q23 答弁書とは、何ですか

1　答弁書とは

　答弁書とは、訴状に記載された原告の申立に対して、被告がする最初の応答を記載した準備書面（自分の言い分を書いた書面）をいいます。準備書面とは、口頭弁論期日（原告と被告が法廷で口頭で陳述するための日時）に陳述しようとする内容を記載した書面をいいますが、被告の最初の準備書面を答弁書といいます。

　行政文書非公開処分の取消訴訟や住民訴訟では、被告の行政側の訴訟代理人として弁護士または公務員の指定代理人が付きますから、答弁書の書き方は要点のみを簡単に説明します（詳細は、本書の著者の『絶対に訴えてやる！』（緑風出版）参照）。指定代理人とは、自治体の場合は地方自治法第153条第1項に基づいて自治体の長がその自治体の公務員に訴訟を行わせる場合の公務員をいいます。国の場合も法務省や地方法務局の訟務部局の職員が指定代理人となります。

2　答弁書に記載する必要のある事項

　答弁書に記載する必要のある事項は、次のようになっています（規則第80条第1項）。

> ①　訴状の「請求の趣旨」に対する答弁
> ②　訴状の「請求の原因」に記載された事実を認めるのか、否認するのか
> ③　抗弁事実（原告の申立を排斥するため主張する被告の相いれない別個の事実。例えば、貸金返還請求なら「金は借りたが、返した」という抗弁）の具体的な記載
> ④　被告が立証を要すると予想される事由ごとに当該事実に関連する事実で重要なものと証拠の記載

(1) 訴状の「請求の趣旨」に対する被告の答弁は、次の3つのいずれかになります。

> ① 原告の訴えを却下する。
> ② 原告の請求を棄却する。
> ③ 原告の請求を認諾する。

①の答弁は、本案（原告の請求そのもの）前の答弁といい、原告の訴え自体が不適法であるとして門前払いを求めるものです。

②の答弁は、本案に対して原告の請求を否定するという答弁で、通常はこの答弁が記載されます。

③の答弁は、本案に対して原告の請求を認めるという答弁で、ほとんどありません。①の答弁と②の答弁を併せて次例のように記載する場合もあります。

> 第1　請求の趣旨に対する答弁
> 　1　本案前の答弁
> 　(1) 原告の訴えを却下する。
> 　(2) 訴訟費用は、原告の負担とする。
> 　　との判決を求める。
> 　2　本案の答弁
> 　(1) 原告請求を棄却する。
> 　(2) 訴訟費用は、原告の負担とする。
> 　　との判決を求める。

(2) 訴状の「請求の原因」に記載された事実に対する認否（認めるか、否認するのか）の態様には、大別すると次の4つの態様があります。

> ① 認める（承認する）
> ② 否認する（争う）
> ③ 不知（知らない）
> ④ 沈黙

①の「認める」とは、相手方の主張した事実を真実と認める陳述をいいます。相手方の主張する自分に不利な事実を認めて争わない旨の陳述を「自白」といい、自白された事実については証拠を必要とせずに裁判所の判断を拘束します（第179条）。

②の「否認する」とは、相手方の主張した事実を否定する陳述をいいます。相手方の法律上の主張（法律解釈など）を否認する場合を「争う」ということもあります。否認には、ⓐ相手方の主張した事実を直接に否定する単純否認とⓑ相手方の主張した事実と両立しない別個の事実を主張して間接的に否定する場合（例えば、「金を貸した」という主張に対して、「贈与を受けた」と主張する場合）の間接否認（積極否認）があります。

③の「不知」とは、相手方の主張した事実を知らない旨の陳述をいいます。全部を知らないとする場合と一部を知らないとする場合があります。相手方の主張した事実を知らない旨の陳述をした者は、その事実を争ったものと推定されます（第159条第2項）。

④の「沈黙」とは、相手方の主張した事実を争うことを明らかにしないことをいいます。沈黙は、口頭弁論の全趣旨から、その事実を争ったものと認めるべき場合を除き、その事実を自白したものとみなされます（第159条第1項）。

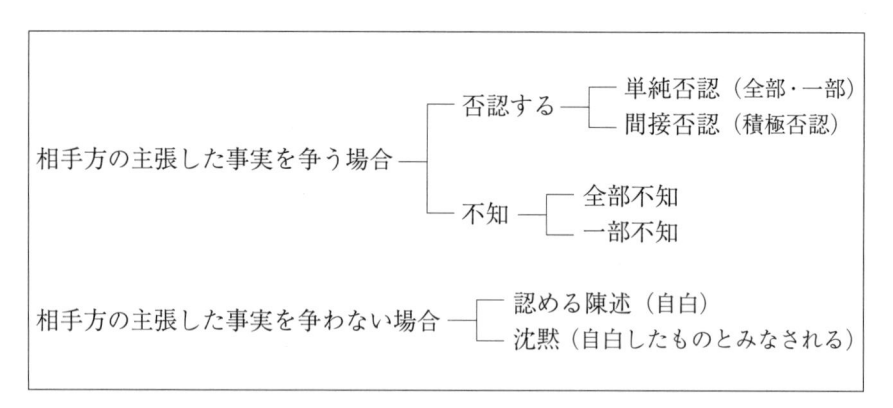

```
相手方の主張した事実を争う場合 ─┬─ 否認する ─┬─ 単純否認（全部・一部）
                                │            └─ 間接否認（積極否認）
                                └─ 不知 ─┬─ 全部不知
                                         └─ 一部不知

相手方の主張した事実を争わない場合 ─┬─ 認める陳述（自白）
                                    └─ 沈黙（自白したものとみなされる）
```

結局、被告が原告の主張した事実を認めると「自白」となり裁判所の判断を拘束しますから、原告は、被告が「否認する」「不知」と答弁した事実についてのみ立証することになります。

(3) 被告の抗弁事実（例えば、貸金返還請求なら「金は借りたが、返した」という抗弁）についての立証責任は被告が負います。抗弁事実とは、原告の申立を排斥するため主張する被告の相容れない別個の事実をいいます。
(4) 被告が答弁書に記載する必要がある事項について、やむを得ない事由により記載することができない場合（例えば、弁護士の依頼不能の場合）には、答弁書の提出後、速やかに、これらの事項を記載した準備書面を提出する必要があります（規則第80条第1項）。
(5) 答弁書には、立証を要する事由につき重要な書証（証拠の文書）の写しを添付する必要がありますが、やむを得ない事由により添付することができない場合には、答弁書の提出後、速やかに、これらの書証写しを提出する必要があります（規則第80条第2項）。

3 答弁書の書き方

答弁書の書き方は決まっていませんが、一般的な書式例は次の通りです。

平成○年（行ウ）第○○号　行政文書非公開決定処分取消請求事件
原告　○○○○
被告　○○県

　　　　　　　　　　　答　弁　書

　　　　　　　　　　　　　　　　　　　　平成○年○月○日

○○地方裁判所　御中

　　　〒000-0000　○県○市○町○丁目○番○号　X法律事務所（送達場所）
　　　　　　被告訴訟代理人　弁護士　　○○○○　（印）
　　　　　　　電話 000-000-0000　FAX000-000-0000
　　　　　　　被告指定代理人
　　　　　　　　　○○県○課課長　　○○○○　（印）
　　　　　　　　　○○県○課課長補佐　○○○○　（印）
　　　　　　　　　○○県○課○係係長　○○○○　（印）

第1　請求の趣旨に対する答弁
 1　原告の請求を棄却する。

2　訴訟費用は原告の負担とする。

第2　請求の原因に対する認否
　1　請求原因1の事実は、認める。
　2　請求原因2の事実は、不知。
　3　請求原因3の事実は、否認する。（否認する理由を記載する）
　4　請求原因4の事実中「〇〇」の部分は認めるが、その余は否認する。（否認する部分についての理由を記載する）
　5　請求原因5の事実中「〇〇」の部分は否認し、「〇〇」の部分は不知。その余の事実は認める。（否認する部分についての理由を記載する）
　6　請求原因6の被告の主張は、争う。（争う理由を記載する）

第3　被告の主張
　1　　（被告の主張を述べる）
　　　＜中　略＞

証拠方法
1　乙第1号証　　〇〇県情報公開事務の手引き
2　乙第2号証　　名古屋高裁平成〇年（行コ）第〇〇号「愛知県知事交際費情報公開訴訟控訴審判決」判例時報〇〇〇〇号写し

附属書類
1　乙号証の写し各1通
2　訴訟委任状4通
　以上

(1)　答弁書の作り方も訴状と同様にA4判、横書き、片面印刷にして左側2カ所をホチキスで綴じます。下部に頁数を付けておけば各頁の綴り目の契印（割印）は不要です。作成部数は、裁判所用1部、相手方用が相手方数、自分の控え1部とします。
(2)　答弁書も準備書面の一種ですから、裁判所に提出するとともに相手方に

は直送します。直送できない場合は書記官に送付を依頼します。

4 答弁書を受け取った原告の対応
答弁書を受け取った原告は、次のように対応します。
(1) 被告の答弁書に反論をする必要がある場合は、原告は、速やかに準備書面で答弁書に記載された事実に対する認否や被告の抗弁のある場合の再抗弁を具体的に記載して、立証を必要とすることとなった事由ごとに、その事実に関連する事実で重要なものと証拠を記載した準備書面を提出する必要があります。この準備書面には、立証を必要とすることとなった事由について重要な書証（証拠の文書）の写しを添付する必要があります（規則第81条）。

　答弁書の中に原告の主張した事実を単に「否認する」または「不知」としている場合は必ずしも反論をする必要はなく、原告が証拠を提出して原告の主張を立証することになりますが、実際には、争点を明確にするために原告の提出する準備書面で被告の主張に対して反論をします。
(2) 答弁書の中に被告の抗弁（例えば、貸金返還請求なら「金は借りたが、返した」という主張）を含んでいる場合は、原告は、必ず反論をしておきます。抗弁と否認の違いは、(a)否認は、相手方が立証責任（証明責任）を負う事実を否定する主張をいいますが、(b)抗弁は、自分が立証責任（証明責任）を負う事実の主張をいいます。
(3) 立証責任（証明責任）とは、ある事実が存在するのかどうかが不明の場合に不利な判断（敗訴の判決）を受けるように法律で定められている当事者の不利益をいいます。立証責任は、原則として訴えを提起した原告にありますが、法律の規定により被告にある場合もあります。従って、原則として訴えを提起した原告が、自分の主張した事実を立証することができなかった場合には、敗訴することになります。被告側に立証責任があると解されている例としては、上例の行政文書非公開決定処分取消請求事件の例がありますが、この場合は、非公開処分をした行政側が非公開事由に該当することを立証する責任があると解されています。

Q24 口頭弁論期日は、どのように進められるのですか

1 口頭弁論期日とは

　口頭弁論期日とは、当事者（原告と被告）が口頭で主張を陳述したり証拠を提出したりする法廷で審理をする日時をいいます。口頭で陳述するといっても、実務では「訴状の通り陳述します」「答弁書の通り陳述します」「準備書面の通り陳述します」のように言うだけのことです。裁判官が「○○の通り陳述しますね？」と言って「はい」と答える場合もあります。実務では書面を読み上げるようなことはしません。

　裁判の種類には、①判決、②決定（口頭弁論なしにできる裁判所の裁判）、③命令（口頭弁論なしにできる裁判官の裁判）があり、判決で裁判をする場合には必ず口頭弁論を行う必要があります。このことを必要的口頭弁論といいます。一方、決定のように口頭弁論を行うかどうかが任意とされる場合を任意的口頭弁論といいます。

　口頭弁論のルールは次の4原則のようになっています。

> ① 弁論（主張や証拠の提出）や証拠調べは、口頭で行う必要があり、口頭で陳述されたものだけが裁判資料として判決の基礎となります。
> ② 口頭弁論手続では、当事者（原告と被告）双方に、その主張を述べる機会を平等に与える必要があります。
> ③ 弁論の聴取や証拠調べは、判決をする裁判官が自ら直接行う必要があります。例外として、裁判官の転勤などにより交代した場合は、従前の口頭弁論の結果を陳述することで済ませます。
> ④ 口頭弁論期日の審理や判決言渡しは国民に公開し、誰でも傍聴できる状態で行う必要があります。

　口頭弁論に関する上の4原則の①を口頭主義、②を双方審尋主義、③を直接主義、④を公開主義といいます。

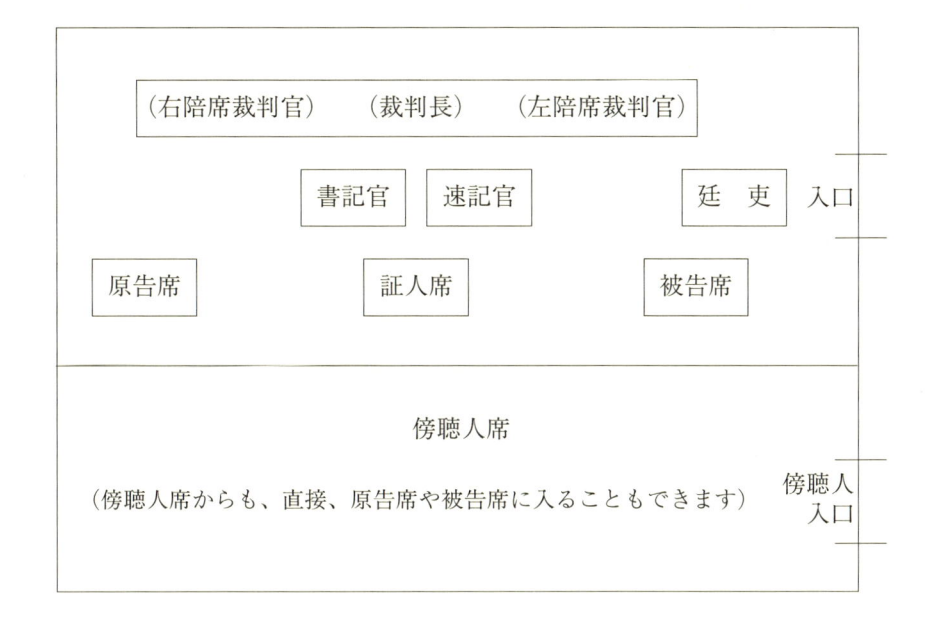

```
┌─────────────────────────────────────────────────┐
│   ┌─────────────────────────────────────┐       │
│   │ (右陪席裁判官)  (裁判長)  (左陪席裁判官) │       │
│   └─────────────────────────────────────┘       │
│         ┌─────┐ ┌─────┐      ┌─────┐            │
│         │書記官│ │速記官│      │廷 吏│  入口      │
│         └─────┘ └─────┘      └─────┘            │
│   ┌─────┐      ┌─────┐       ┌─────┐            │
│   │原告席│      │証人席│       │被告席│            │
│   └─────┘      └─────┘       └─────┘            │
│                                                 │
│              傍聴人席                            │
│                                                 │
│ (傍聴人席からも、直接、原告席や被告席に入ることもできます) 傍聴人│
│                                                     入口 │
└─────────────────────────────────────────────────┘
```

2 第1回口頭弁論期日

第1回口頭弁論期日は、次のように進められます。

(1) 第1回口頭弁論期日は、裁判長が、特別の事由がある場合を除き、訴えが提起された日から30日以内の日に指定することとされています（規則第60条第2項）。最初の期日は当事者の都合も聞かずに一方的に指定しますから、出頭できない場合は担当書記官に電話をするか前述した上申書を提出して期日を変更してもらいます。ただ、最初の期日に限り、当事者が欠席した場合は、裁判所は、訴状または答弁書その他の準備書面に記載した事項を陳述したものとみなして、出席した相手方に弁論（主張や証拠の提出）をさせることができます（第158条）。第2回以降の期日は、当事者の都合を聞いて決めます。

(2) 裁判所には呼出状に指定された時刻の10分前には出頭して指定された法廷の傍聴人席（誰でも自由に出入りのできる席）に入って待機します。出頭した時には法廷内の書記官または廷吏（当事者の出頭の確認などをする係員）に呼出状を示して出頭したことを伝えるか、出頭カードを用意している場合はそれに記入します。

(3) その法廷での審理の順序は、原則として裁判所の待合室の開廷予定表に

記載された順序となりますから、確認しておきます。ただ、開廷予定表に同一時刻に複数の審理を予定している場合は、順序が変更になる場合がありますから、傍聴人席で待機しておき、書記官の事件番号・事件名の呼び上げによって原告席または被告席に着きます。

(4) 法廷の配置は、合議制（3人の裁判官で構成）の場合は一般に次のようになっています。1人制（単独制）の場合の裁判官は中央に座ります。行政訴訟や複雑な民事訴訟は合議制で行われますが、その他は1人制で行われます。

　① 右図の通り、合議制では裁判官の中央に裁判長が座り、裁判長の右側に右陪席裁判官、裁判長の左側に左陪席裁判官が座ります。

　② 法廷の入口に廷吏がいる場合は、廷吏に出頭したことを伝えます。廷吏のいない場合は書記官に伝えます。速記官は証人尋問などの速記を担当します。

(5) 開廷予定が自分の事件しかない場合や最初の順番になっている場合は、書記官または廷吏に確認して開廷時刻の5分前には原告席または被告席に着席します。裁判官が法廷に入る時には当事者も傍聴人も起立する慣例になっています。同一時刻に複数の審理を予定している場合は、順番が来るまで当事者は傍聴人席で待機します。

(6) 第1回口頭弁論期日では、原告は訴状を陳述し、被告は答弁書を陳述しますが、前述した通り、実務では「訴状の通り陳述します」「答弁書の通り陳述します」「準備書面の通り陳述します」のように言うだけのことです。法廷で発言をする場合は、起立をして発言をする慣例になっています。

　口頭弁論は裁判長（1人制では裁判官）が指揮をしますから、法廷で発言したい場合は裁判長の許可を得て発言をします。裁判長は発言を許し、またはその命令に従わない者の発言を禁ずることができます（第148条）。この権限を訴訟指揮権といいます。

(7) 裁判官が書面の内容について、まれに質問をする場合がありますが、質問の意味をよく理解したうえで、①すぐに分かることは答えて、②すぐには答えられないことは「よく調べて（よく考えて）準備書面に書いて提出します」と答えます。間違ったことを答えないことが大切です。②の場合は、質問の要点をノートに書いて帰ります。

　相手方やその弁護士から直接質問されることはありません。相手方への

質問は必ず裁判官を通して裁判官から質問しますが、実務上は、準備書面に「求釈明」（説明を求めること）として質問事項を記載して相手方に質問をします。

(8) 訴状や答弁書その他の書面の陳述も終わり、裁判官や当事者からの発言もない場合は、裁判官は、次回の期日を決めますが、第2回以降の期日は、裁判所・原告・被告の3者の都合を聞いてから決定します。従って、このようにして決まった期日の変更はできませんが、緊急手術をするような顕著な事由がある場合に限り変更が認められます。

次回の期日は、まず裁判所の都合のよい日時を示して当事者の都合を聞きますから、都合の悪い場合は「差し支えがあります」と言い、都合がよければ「結構です」と言って当事者と裁判所の都合のよい期日を決定します。次回期日は、一般に1カ月ないし4カ月先くらいが指定されますから、予定表を必ず持参します。

(9) 第1回口頭弁論期日から最後の期日まで毎回書記官の作成する「口頭弁論調書」その他の期日の調書の謄本（コピー）を書記官の指定する方法で請求をしておきます。書記官は期日ごとに各期日の「調書」を作成する必要がありますが、この調書には各期日の審理の要点が記載されていますから、コピーで内容を確認しておきます。コピーの交付方法は裁判所によって異なりますが、一般に書記官から交付を受けた「民事事件記録閲覧・謄写票」用紙に事件番号、当事者氏名、申請人の住所氏名その他の必要事項を記入して書記官または書記官の指定する場所（例えば、弁護士会のコピー担当係）へ提出します。書記官から謄本（コピー）の交付を受ける場合は1枚150円の手数料が必要ですが、弁護士会では70円程度でコピーしてくれる場合があります。

(10) その他の第1回口頭弁論期日での注意事項は次の通りです。
① 裁判所に出頭する場合は、訴状または答弁書に押印した印鑑を持参します。相手方から提出された準備書面その他の書面を受領する場合に必要となります。
② 第1回口頭弁論期日に初めて裁判所に行く場合は、早めに着いて法廷の場所を確認しておく必要があります。遅刻した場合は欠席として処理され不利な扱いを受けます。できれば、第1回口頭弁論期日前にその法廷で傍聴をしておくと参考になります。

3　書証の成立の認否

　第1回口頭弁論期日やその後の期日で裁判官から「書証の成立の認否」を尋ねられる場合があります。書証とは、証拠として提出した文書のことをいいます。成立の認否とは、その書証の作成者とされている者が作成したことを書証の提出者の相手方が認めるか否かということです。その文書の内容を認めるか否かということではありません。

　書証の成立の認否には次の3つがありますから、そのいずれであるかが分かるように答えます。一般に口頭で答えますが、答えられない場合は「書証の成立の認否は準備書面に書いて提出します」と答えます。相手方から口頭弁論期日前に書証が提出された場合には、準備書面に書証の成立の認否を書いて提出します。この場合は、例えば、「乙第45号証の成立は、認める。」とか「乙第46号証の成立は、不知。」のように記載します。

> ①　成立は、認める。
> ②　成立は、否認する。
> ③　成立は、不知。

　①は、相手方の主張する作成者が作成したことは認めるという意味です。書かれた文書の内容を認めるという意味ではありません。

　②は、相手方の主張する作成者が作成したことを否認するという意味です。文書の内容とは関係がありません。

　③は、相手方の主張する作成者が作成したものかどうかは知らないという意味です。この場合の②または③とされた書証は、書証の提出者が、作成者とされている者が作成したことを証明しないと証拠とはなりません。例えば、作成者を証人として尋問して作成者であることを証明するのです。

4　第2回口頭弁論期日以降の各期日の対応

　第2回口頭弁論期日以降の各期日の対応の仕方は、次の通りです。

(1)　準備書面（自分の言い分を書いた書面）は、それに記載した事項について相手方が反論を準備するのに必要な期間をおいて裁判所に提出し相手方に

も直送（直送不能の場合は書記官に依頼）する必要があります（規則第79条第1項・第83条第1項）。実務上は、裁判官が準備書面の提出期限を指定する場合もありますが、指定のない場合でも次回の期日の1週間前までには提出します。実際には、期日の当日に提出される場合も多く、訴訟が遅延する理由の一つとなっています。訴訟は遅らせることは簡単にできますが、早くすることはできません。

(2) 準備書面の提出回数に制限はありませんから、提出した直後であっても追加や変更をする事項がある場合は、いつでも、随時、提出することができます。証拠（書証、証人その他）の提出は、訴訟の進行状況に応じ適切な時期に提出する必要があります（第156条）。自分に有利な証拠は早めに提出するようにします。

(3) 期日には、口頭弁論期日のほかに、争点や証拠を整理するなどのために次のような①弁論準備手続（第168条）、②準備的口頭弁論（第164条）があり、別に③書面による準備手続（第175条）があります。実務上よく行われるのは①の弁論準備手続です。

弁論準備手続	準備的口頭弁論	書面による準備手続
争点や証拠の整理に必要がある場合に当事者の意見を聞いて裁判所が開始する。	争点や証拠の整理に必要がある場合に裁判所の決定で開始する。	当事者が遠隔地にいる場合に当事者の意見を聞いて裁判所の決定で開始する。
準備書面の提出、証拠の申出、調査嘱託、文書の証拠調べなどができる。	争点や証拠の整理に必要なあらゆる行為ができる。	準備書面の提出、争点整理の準備ができる。
原則として非公開だが、関係人などの傍聴はできる。	公開の法廷で行われるので傍聴も自由にできる。	性質上、非公開。
電話会議システムの利用ができる。	電話会議システムの利用ができない。	電話会議システムの利用ができる。

これらの争点・証拠整理手続においても書記官の作成する調書がありますから、その写しの交付を請求しておきます。

(4) 各期日に法廷に出頭する前には既に提出されている準備書面その他の書面を新しいものから古いものへと順に見ておきます。裁判官から訴訟の進行についての意見を求められる場合がありますから、新たな書証の提出予定とか証人申請の予定などをメモにまとめておきます。当事者に新たな主張もなく証拠もない場合には、審理が不要になりますから結審（口頭弁論の終結）となります。

(5) 口頭弁論期日や弁論準備手続期日その他の手続は、裁判官が判決をすることができると判断する時まで続行されます。裁判官は、判決をすることができると判断した場合には、口頭弁論を終結（結審）します。

　審理の順序は、一般に①訴状の陳述と答弁書の陳述、②各当事者から準備書面による主張、③準備書面の主張の整理・争点の整理、④証拠の提出と証拠調べ（証人尋問その他）、⑤口頭弁論の終結（結審）、⑥判決の言渡しの順序となります。しかし、主張とともに証拠の提出もできますから、自分に有利な証拠（書証、証人その他）は早く提出しておくことが大切です。

Q25 準備書面は、どのように書くのですか

1 準備書面とは

　準備書面とは、口頭弁論期日（当事者が法廷で口頭の陳述をするために裁判長の指定した日時）に陳述しようとする自分の言い分を書いた書面をいいます。口頭弁論期日の前には、あらかじめ自分の言い分を書いた書面（準備書面）を準備をする必要があります。準備書面には、次の事項を記載します（第161条第2項）。

> ① 攻撃または防御の方法（自分の主張する事実とそれを裏付ける証拠）（自分の主張する事実とそれを裏付ける証拠のうち、原告のするものを攻撃方法、被告のするものを防御方法といいます）
> ② 相手方の請求および攻撃または防御の方法に対する陳述（原告の請求に対する応答や相手方の主張に対する認否その他の一切の陳述）

　準備書面にも裁判所に提出する一般的記載事項（事件番号・事件名の表示、当事者の氏名、附属書類の表示、提出年月日、提出先の裁判所名）を記載して作成した当事者が記名押印をします（規則第2条）。

2 準備書面の書き方

　準備書面の書き方は決まっていませんが、最高裁判所の示した例（A4判、横書き、片面印刷）によると次のようになります。

平成○年（行ウ）第○○号　行政文書非公開決定処分取消請求事件
原告　○○○○
被告　○○県
　　　　　　　　　　第5準備書面
　　　　　　　　　　　　　　　　　　　　　　　平成○年○月○日

○○地方裁判所　御中

　　　　　　　　　　　　　　　　　原告　　○○○○（印）

第1　被告の平成○年○月○日付第4準備書面（以下「被告準備書面④」という）第1記載の被告の主張に対する反論
　1　被告準備書面④の第1の1の(1)の被告の主張は、すべて争う。その理由は、……だからである。
　2　被告準備書面④の第1の1の(2)の被告の主張のうち、「……」の部分は認めるが、その余は、すべて否認する。その理由は、……だからである。
　3　被告準備書面④の第1の1の(3)の被告の主張は、不知。
　4　被告準備書面④の第1の1の(4)の被告の主張する事実は、否認する。その理由は、……だからである。
　5　被告準備書面④の第1の1の(5)の被告の主張は、誤りである。その理由は、……だからである。
　　　＜中略＞
第2　求釈明
　1　被告準備書面④の第4の1の(1)に「……」とするが、その意味を明らかにされたい。
　2　被告準備書面④の第5の2の(3)に「……」とするが、その理由を明らかにされたい。
　　　＜中略＞
第3　原告の主張
　1　（内容省略・反論や言い分を詳細に述べる）
　2　（内容省略）
　　　＜中略＞
第4　書証の成立の認否
　1　乙第7号証の成立は、認める。
　2　乙第8号証の成立は、否認する。その理由は、……だからである。
　3　乙第9号証の成立は、不知。
以上

(1) 準備書面の書き方は準備書面の一種である答弁書の書き方で説明した通りですが、相手方の主張する事実に対する認否（認めるか否認するか）の態様には、①認める、②否認する（争う）、③不知（知らない）、④沈黙の4つがあります。相手方の主張した事実を争うことを明らかにしない場合（沈黙の場合）は、弁論の全趣旨からその事実を争ったものと認められる場合を除き、その事実を自白（相手の主張を認めること）したものとみなされますから注意が必要です（第159条第1項）。

(2) 準備書面に事実についての主張を記載する場合には、できる限り、①請求を理由づける事実、抗弁事実（相手方の主張を排斥するため主張する相いれない別個の事実）または再抗弁事実についての主張と、②これらに関連する事実（間接事実）についての主張とを区別して記載する必要があります（規則第79条第2項）。この場合に主張した事実を立証する必要がある場合には、立証を要する事由ごとに証拠を記載する必要があります（規則第79条第4項）。

(3) 準備書面において相手方の主張する事実を否認する場合には、その理由を記載する必要があります（規則第79条第3項）。

(4) 準備書面は、これに記載した事項について相手方が準備をするのに必要な期間をおいて裁判所に提出する必要があります（規則第79条第1項）。相手方に直送する場合も同様です（規則第83条第1項）。裁判所に対しては「提出」、相手方に対しては「直送」とされていますが、提出も直送もFAX送信でもかまいません。直送できない場合は書記官から送付してもらいますが、その場合は郵便切手を書記官に提出します。相手方からの準備書面を受領したときは、受取証（様式は自由）を裁判所と相手方に送付（FAXも可）します。

(5) 相手方の準備書面の記載事項の意味が不明の場合は反論もできませんから、上例のように「求釈明」をします。相手方に直接釈明を求める権利はありませんから、裁判所に対して釈明権の行使を求めるのです。

(6) 準備書面の作り方も訴状と同様にA4判、横書き、片面印刷にして左側2カ所をホチキスで綴じます。下部に頁数を付けておけば各頁の綴り目の契印（割印）は不要です。作成部数は、裁判所用1部、相手方用が相手方数、自分の控え1部とします。

Q26 証拠調べとは、どういうことですか

1　証拠調べとは

　証拠調べとは、裁判官が物的証拠（物証）や人的証拠（人証）を法定の手続により取り調べて、そこから証拠資料（取り調べの結果）を得る行為をいいます。証拠調べの段階が、訴訟の各段階の中で最も重要です。当事者がどんなに自分の主張が正しいと主張してみても証拠により立証できなければ意味がないからです。

　証拠は裁判官に事実の存否について確信を得させる資料ですが、①証拠方法、②証拠資料、③証拠原因に区別することができます。

> ①　証拠方法とは、裁判官が五官の作用によって取り調べることができる物的証拠（文書、検証物）と人的証拠（証人、鑑定人、当事者本人）をいいます。
> ②　証拠資料とは、裁判官が証拠方法を法定の手続により取り調べることによって得た内容（結果）をいいます。例えば、文書の記載内容、検証物の形状、証人の証言内容、当事者本人の供述内容、鑑定人の鑑定意見をいいます。
> ③　証拠原因とは、事実の存否について裁判官に確信を生じさせる原因となった証拠資料や弁論の全趣旨をいいます。

証拠の種類には、①本証と反証、②直接証拠と間接証拠の区別があります。
(1)　本証とは、当事者がみずから証明責任を負う事実を証明するために提出する証拠をいい、反証とは、その事実を否認する相手方の提出する証拠をいいます。
(2)　直接証拠とは、主要事実（権利の発生・変更・消滅の法律効果の有無を判断するのに必要な事実）を直接証明するための証拠をいい、間接証拠とは、間接事実（主要事実の存否を推認させる事実。例えば、アリバイ）や補助事実（証拠方法の信用性の判断に影響を及ぼす事実。例えば、証人の性格）を証明する

ための証拠をいいます。

2 真偽不明の場合

証拠調べをしても、事実の存否が不明の場合で裁判官が確信を持つに至らない場合がありますが、真偽不明の場合でも裁判官は裁判を拒否することはできませんから、真偽不明の場合でも次のように裁判を可能にする方法を決めています。

(1) ある事実が真偽不明の場合に不利な判断を受けるように定められている当事者の不利益のことを証明責任（立証責任）といいますが、証明責任をいずれか一方の当事者に負担させることによって真偽不明の場合にも裁判を可能にしています。証明責任を負う当事者が証明できなかった場合は敗訴とするのです。証明責任を負う者は法律の規定により決まっていますが、一般に原告が負います。例えば、交通事故の被害者が損害賠償請求をする場合は、相手方の故意または過失を証明する責任があります。

(2) 証明責任を負うのは当事者の一方のみであって、当事者の双方が証明責任を負うことはありません。証明責任を負う事実は主要事実に限られます。証明責任を負う者は事件の性質によって異なりますが、各法規の規定によって決められています。例えば、交通事故の損害賠償請求では被害者が証明責任を負います。

3 弁論主義の内容

訴訟は弁論主義（事実の主張と証拠の提出を各当事者の責任とする主義）を採用していますから、弁論（事実の主張と証拠の提出）に現れない事実は証明の対象とはなりません。弁論主義の内容は、次の3原則に要約されます。

> ① 裁判官は、当事者の主張しない事実（主要事実）を認定して裁判の基礎としてはならない（主張責任の原則）。
> ② 裁判官は、当事者間に争いのない事実（自白された主要事実）は、そのまま裁判の基礎としなければならない（自白の拘束力）。
> ③ 裁判官は、当事者間に争いのある事実（主要事実に限られない）を証拠によって認定する場合には、必ず当事者の申し出た証拠によらなければならない（職権証拠調べの禁止）。

①の原則により、当事者は自分に有利な事実を主張しておかないと、かりに証拠からその事実が認められても、その事実はないものとして扱われ不利益となりますが、この不利益を「主張責任」といいます。
　②の原則により、当事者間に争いのない事実は証拠調べの結果からこれと異なる事実を認定することは許されないので、事実審理の範囲を限定する機能を持つことになります。自白された事実の真偽を確かめる証拠調べはできないのです。
　③の原則により、裁判官の職権による証拠調べは原則として禁止され、個別の規定のある場合しか職権による証拠調べはできません。
　なお、証拠調べの結果は、その証拠の提出者に有利な事実を認定するための資料として使うことができるだけでなく、相手方に有利な事実を認定するための資料としても使うことができますが、これを「証拠共通の原則」といいます。証拠共通の原則は、いったん提出された証拠からどのような事実を認定するかの原則であり、弁論主義の原則とは関係がありません。

4　訴訟の過程

　訴訟の過程は、①まず、事実の認定をし、②認定した事実に法律をあてはめ、③法律の適用による判決という過程をとりますが、事実の認定については弁論主義の原則から弁論に現れない事実（当事者が主張しない事実）は証拠による証明は不要とされています。しかし、弁論に現れた事実であっても、次の(1)顕著な事実、(2)裁判上自白された事実、(3)自白したものとみなされる事実についても証拠による証明は不要とされています（第179条・第159条第1項）。
(1)　顕著な事実には、①公知の事実と②職務上顕著な事実とがあります。
　　①　公知の事実とは、第二次世界大戦や関東大震災のような歴史上の事件や大災害のように通常の知識経験を有する者が疑わない程度に知れ渡っている事実をいいます。
　　②　職務上顕著な事実とは、判決をすべき裁判官が職務を行うに当たって知り得た事実（過去の自分のした判決の内容など）をいいます。
(2)　裁判上自白された事実とは、口頭弁論期日や弁論準備手続のような争点整理手続期日でなされた相手方の主張と一致する自分に不利益な事実を認める陳述のなされた事実をいいます。

(3) 自白したものとみなされる事実とは、口頭弁論期日や争点整理手続期日で相手方の主張した事実を明らかに争わず、自白したものとみなされる事実をいいます。その事実を自白したものとみなすことを自白の擬制とか擬制自白といいます。

　なお、法規は原則として証明の対象とはなりませんが、外国法や自治体の条例のような特殊な法規は裁判官が知っているとは限らないので、法規の存在を主張する者が証明をする必要があります。常識的な経験則（例えば、雨が降ったら地面が濡れる）は客観性がありますから、証拠によって証明する必要はありませんが、特殊専門的な経験則は証拠によって証明する必要があります。例えば、医療過誤訴訟、公害訴訟、欠陥自動車・欠陥住宅訴訟などでは、それぞれ分野の特殊専門的な経験則を鑑定などによって証明します。

5　裁判官が判決をするに際して

　裁判官が判決をするに際しては、口頭弁論の全趣旨と証拠調べの結果を斟酌して、自由な心証により、事実についての主張を真実と認めるべきか否かを判断するとされています（第247条）。このことを自由心証主義といいますが、誤判の大きな原因となっているのです。どんな確実な証拠でも、裁判官が「信じられない！」と言えば、それまでで、どんな良い弁護士に依頼してもヘンな裁判官に当たると信じられない誤判決がなされるのです。裁判官の「自由な心証により」事実認定がなされるのですから、誤判決はなくならないのです。

　裁判は、本来、信用できないものと考えておくのが無難です。しかし、信用できないということは、あなたが敗訴するという意味ではありません。あなたの証拠が不十分でも勝つかも知れないのです。裁判制度は、他の制度が利用できない場合には利用するしかありませんが、利用する場合でも「単なる道具」として利用すべきものなのです。

Q27 証拠調べの申し出は、どのようにするのですか

1 証拠調べの申し出とは

　証拠調べの申し出とは、各当事者が裁判所に対して特定の証拠方法（物的証拠や人的証拠）の取り調べを要求する申立をいいます。証拠調べの申し出は、証明すべき事実（証拠により証明しようとする事実）を特定してする必要があります。証拠調べの申し出は、期日でなくても期日前においてもすることができます（第180条）。

　裁判所は、当事者が申し出た証拠（例えば、証人）で必要でないと認めるものは、取り調べる必要がないとしています（第181条第1項）。この場合の裁判官の権限が濫用されると必要な証人尋問も不可能になり誤判決の原因となります。裁判官の権限が濫用された場合でも不服申立の方法はなく、裁判官の忌避申立をしても認められた例はありません。

　証拠の申し出は、訴訟の進行状況に応じて口頭弁論の終結に至るまでの「適切な時期」にする必要があります（第156条）。当事者の故意または重大な過失により時機に後れて提出した証拠の申し出や事実の主張については、これにより訴訟の完結を遅延させることとなると認めたときは、裁判所は、申立によりまたは職権で却下の決定をすることができます（第157条第1項）。

　証拠調べの申し出は、①証明すべき特定の事実、②特定の証拠方法（物証や人証）、③この両者の関係（立証の趣旨）を具体的に明示してする必要があります（規則第99条）。証拠申出書その他の申立書も準備書面の場合と同様に裁判所へ提出するとともに相手方へ直送する必要があります（規則第83条）。

　証拠調べの申し出に対する採否の判断（証拠決定）には、①その申し出を認める決定と②その申し出を排斥する却下決定とがありますが、証拠決定は訴訟の指揮に関する決定ですから、いつでも取消や変更をすることができます（第120条）。証拠の採否の決定を明示しないまま証拠調べが行われる場合（黙示の証拠決定）もあります。

　証拠調べの申し出方法は、証拠方法によって異なりますが、一般に「証拠申出書」という書面を裁判所へ提出します。以下には、次の証拠の申出方法を説

明します。
- (1) 書証の申し出 ─┬─ ① 文書の提出
 　　　　　　　　　├─ ② 文書提出命令の申立
 　　　　　　　　　└─ ③ 文書送付嘱託の申立
- (2) 証人尋問の申し出
- (3) 当事者本人尋問の申し出
- (4) 鑑定の申し出
- (5) 検証の申し出
- (6) 調査嘱託の申し出
- (7) 証拠保全の申し出

2　書証の証拠の申し出と取り調べ手続

書証の証拠の申し出と取り調べ手続は、次のようになります。

(1) 書証とは、文書に記載された意味内容を証拠資料とする証拠調べをいいます。文書とは、文字その他の記号の組み合わせによって意味を表現した紙その他の有体物をいいますが、図面・写真・録音テープ・ビデオテープその他の情報を表すために作成された文書に準ずる物（準文書）にも書証の規定が準用されます（第231条）。

(2) 書証の証拠の申し出の方法には、次の3つがあります（第219条・第226条）。

> ① 文書の提出（文書の写しを裁判所に提出し相手方に直送します）
> ② 文書提出命令の申立（申立書を裁判所に提出し相手方に直送します）
> ③ 文書送付嘱託の申立（申立書を裁判所に提出し相手方に直送します）

① 文書の提出は、挙証者（自分の主張を立証する者）が文書を所持する場合には、文書の写しを提出します。
② 文書提出命令の申立は、相手方または第三者が文書を所持する場合に、それらの者が提出義務を負うときに申立をします。
③ 文書送付嘱託の申立は、文書の所持者に提出義務のない場合に文書の所持者に文書写しの送付を嘱託（依頼）するときに申立をします。

②と③の申立書は準備書面と同様に裁判所へ提出し相手方へ直送します。

3 文書の提出をして書証の申し出をする場合

　文書の提出をして書証の申し出をする場合は、文書の写し2通（相手方が2以上の場合は1を加えた数）を提出するとともに、文書の記載から明らかな場合を除き、①文書の標目（表題）、②文書の作成者、③立証趣旨を明らかにした「証拠説明書」2通（相手方が2以上の場合は1を加えた数）を裁判所に提出する必要があります。ただ、証拠説明書は、やむを得ない事由があるときは、裁判長の定める期間内に提出することができます。文書の写しや証拠説明書は相手方に直送することもできます（規則第137条）。

　証拠説明書の書式は決まっていませんが、準備書面に準じた次のような書式で書くのが便利です。記載する事項は、①甲号証（原告の場合）または乙号証（被告の場合）の一連番号、②標目（表題）と原本・写しの別、③その文書の作成日付、④作成者、⑤立証趣旨となります。

平成〇年（行ウ）第〇〇号　行政文書非公開決定処分取消請求事件
原告　　〇〇〇〇
被告　　〇〇県

証拠説明書

平成〇年〇月〇日

〇〇地方裁判所　御中

原告　　〇〇〇〇（印）

　頭書事件について、原告は、下記の通り証拠説明をする。

記

第1　甲第29号証について
　1　甲第29号証は、行政監視市民グループ「〇〇市民オンブズマン」会員〇〇〇〇が平成〇年〇月〇日付で作成した告発状の控え（写し）である。
　2　本件訴訟の被告の行政庁（実施機関）は、本件裏金形成行為を実施した〇〇県職員の行為は、虚偽公文書作成罪（刑法第156条）及び虚偽公文書行使罪（刑法第158条）に当たるとは考えていないと主張するが、甲第29号証は、甲第30号証に対応する告発状であり、甲第30号証記載の通り検察官は「起訴猶予」として犯罪の成立を認めた事実を立証する。

第2　甲第30号証について
　1　甲第30号証は、甲第29号証の告発に対する「起訴猶予」の処分をした事実を告発人に告知した検察官○○○○が平成○年○月○日付で作成した不起訴処分理由通知書（原本）である。
　2　本件訴訟の被告の行政庁（実施機関）は、本件裏金形成行為を実施した○○県職員の行為は、虚偽公文書作成罪（刑法第156条）及び虚偽公文書行使罪（刑法第158条）に当たるとは考えていないと主張するが、甲第30号証記載の通り検察官は「起訴猶予」として犯罪の成立を認めた事実を立証する。
以上

最高裁判所の示した書式例は次のような表形式になっています。

号証	標目（原本・写しの別）	作成年月日	作成者	立証趣旨	備考

① 文書の原本を所持している場合は原本と記載しますが、裁判所に提出し相手方に直送する文書は、いずれも写し（コピー）とします。原本の写ししか所持していない場合は写しと記載して写しの写しを提出し直送します。原本は裁判長の指示のある場合には法廷で相手方や裁判長に提示します。

② 原本や写しのコピーを作成した後、そのコピーに甲号証または乙号証の一連番号を赤鉛筆で記入しますが、記入する位置は横書文書は右上隅とし、縦書文書は左上隅とします。書証番号の決定は本来は裁判所が行うものですが、変更されることはほとんどありません。

③ 本の一部を書証として提出する場合の書証の番号は、枝番号を付けて、①表紙、②必要な部分、③奥付（発行年月日、著者、発行所の記載部分）の3つの部分に、例えば、甲第7号証の1、甲第7号証の2、甲第7号証の3のように表示します。

4　文書提出命令の申立

文書提出命令の申立は、各当事者が、①文書の表示、②文書の趣旨、③文書

の所持者、④証明すべき事実、⑤文書の提出義務の原因の5つの事項を明らかにして「文書提出命令申立書」を裁判所に提出して申立をする必要があります（第221条）。

　文書提出命令の申立は、次のいずれかの文書提出義務のある文書について行われ、その文書の所持者は提出を拒むことはできません（第220条）。

(1)　当事者が訴訟において引用した文書を自ら所持するとき
(2)　挙証者が文書の所持者に対してその引き渡しまたは閲覧を求めることができるとき（例えば、共有の土地の権利証）
(3)　文書が挙証者の利益のために作成され、または挙証者と文書の所持者との間の法律関係について作成されたとき（例えば、受領証、契約書）
(4)　上の(1)(2)(3)に掲げる場合のほか、次のいずれにも該当しないとき
　　イ　文書の所持者やその親族が有罪判決を受けそうな事項が記載されている文書
　　ロ　公務員の職務上の秘密に関する文書で、提出することにより公共の利益を害し、または公務の遂行に著しい支障を生ずるおそれがあるもの
　　ハ　医師などの職務上の守秘義務事項または技術や職業の秘密に関する証言拒絶のできる事項で、黙秘の義務が免除されていないものが記載されている文書
　　ニ　専ら文書の所持者の利用に供するための文書（例えば、日記帳）（国や自治体の公務員が組織的に用いる文書（公文書その他の行政文書）は提出義務がない）
　　ホ　刑事事件の訴訟記録、少年保護事件記録またはこれらの事件で押収されている文書

平成○年（行ウ）第○○号　損害賠償請求事件
原告　　○○○○
被告　　○○市長
　　　　　　　　　　文書提出命令申立書
　　　　　　　　　　　　　　　　　　　平成○年○月○日
○○地方裁判所　御中

　　　　　　　　　　　　　　　　　　原告　　○○○○（印）
頭書事件について、原告は、下記の通り文書提出命令の申立をする。
　　　　　　　　　　　　記
1　文書の表示
　○○に関する平成○年○月○日付調査報告書
2　文書の趣旨
　上記文書には○○の内容が記載され、□□の趣旨で作成された文書である。
3　文書の所持者
　被告
4　証明すべき事実
　○○市職員が□□に関して違法な公金支出を行った事実
5　文書提出義務の原因
　上記文書は被告が本件訴訟において引用した自ら所持する文書であるので、民事訴訟法第220条第1号の規定に基づき提出義務を負うものである。
　以上

① 相手方は、文書提出命令の申立に対して意見がある場合は書面（意見書）を裁判所に提出する必要があります（規則第140条第2項）。

② 裁判所は、文書提出命令の申立を理由があると認めるときは、決定（口頭弁論なしの裁判）で文書の所持者に対し提出を命じます。この場合、文書に取り調べる必要のない部分や提出義務のない部分があるときは、その部分を除いて提出を命ずることができます。裁判所が第三者に対して文書の提出を命じようとする場合は、その第三者を審尋（陳述の機会を与えること）をする必要があります（第223条第1項・第2項）。

③ 文書提出命令の申立に対する決定（却下や認容の裁判）に対しては即時抗告（1週間以内にする明文規定のある場合の不服申立）をすることができます（第223条第7項）。文書提出命令の申立を却下した決定に対しては申立人から即時抗告ができます。文書提出命令の申立を認容した決定に対しては相手方でも第三者からでも即時抗告ができます。

④ 当事者が文書提出命令に従わないときは、裁判所は、その文書の記載に関する相手方の主張を真実と認めることができます。当事者が相手方

の使用を妨げる目的で提出義務のある文書を滅失させ、その他これを使用することができないようにしたときも同様に相手方の主張を真実と認めることができます。これらの場合に、相手方が、その文書の記載に関して具体的な主張をすることやその文書により証明すべき事実を他の証拠により証明することが著しく困難であるときは、裁判所は、その事実に関する相手方の主張を真実と認めることができます（第224条）。

⑤　第三者が文書提出命令に従わないときは、裁判所は、決定で20万円以下の過料に処することとしています。この決定に対しては即時抗告ができます（第225条）。

5　文書送付嘱託の申立

　文書送付嘱託の申立として、文書提出命令の申立ができる場合でも、文書の所持者にその文書の送付を嘱託（他人に依頼すること）することができます。ただし、当事者が法令の規定により文書の正本や謄本の交付を受けることができる場合（例えば、土地登記簿謄本の交付）は除かれます（第226条）。

平成〇年（行ウ）第〇〇号　損害賠償請求事件
原告　　〇〇〇〇
被告　　〇〇市長

文書送付嘱託申立書

　　　　　　　　　　　　　　　　　　　　　平成〇年〇月〇日
〇〇地方裁判所　御中

　　　　　　　　　　　　　　　　　　原告　　〇〇〇〇（印）

　頭書事件について、原告は、下記の通り文書送付嘱託の申立をする。
記
1　文書の表示
　〇〇に関する平成〇年〇月〇日付調査報告書
2　文書の所持者
　被告（〇〇市長）
3　証明すべき事実
　〇〇市職員が□□に関して違法な公金支出を行った事実

以上

① 嘱託先は官公署に限られません。申立が採用されると裁判所から嘱託先に対して嘱託書が送付されます。嘱託先は一般に嘱託に応じる義務はありませんから、文書が送付されない場合もあります。裁判所へ文書が送付された場合は書記官から連絡がありますから、閲覧をして必要な部分の謄写を請求し通常の書証の提出手続により提出します。
② 訴訟係属中の裁判所が保管する他の事件記録（例えば、証人尋問調書）については文書送付嘱託申立書に準じた「記録顕出申出書」を裁判所へ提出します。文書送付嘱託は不要です。

6　証人尋問の申し出と取り調べ手続

証人尋問の申し出と取り調べ手続は、次のようになります。
(1) 証人尋問とは、当事者以外の第三者（証人）に対して口頭で質問し、証明の対象である事実につき証人の経験した事実を供述（証言）させて、その証言を証拠とする証拠調べをいいます。裁判所は、特別の定めのある場合を除き、誰でも証人として尋問することができます。証人が正当な理由なく裁判所に出頭しない場合は、過料（秩序罰）の制裁が科されるほか、罰金や拘留（いずれも刑罰）が科されることがあります。裁判所は、正当な理由なく出頭しない証人の勾引（実力で引致すること）を命ずることもできます（第192条ないし第194条）。
(2) 証人尋問の申し出は、証人を指定し、かつ、尋問に要する見込みの時間を明らかにする必要があるほか、①証明すべき事実、②証明すべき事実と証人との関係を具体的に明示する必要があります（規則第99条）。証人尋問の申し出と当事者本人尋問の申し出は、できる限り、一括して行う必要があります（規則第100条）。
(3) 証拠申出書を提出する際には、同時に尋問事項を記載した書面も提出しますが、証人への送付用として証人数の書面も添付します。

平成〇年（行ウ）第〇〇号　損害賠償請求事件

```
原告　　○○○○
被告　　○○市長
```

証拠申出書

平成○年○月○日

○○地方裁判所　御中

　　　　　　　　　　　　　　　　　　　　　原告　　○○○○　（印）

　頭書事件について、原告は、下記の通り証人尋問の申し出をする。

記

1　証人の表示
　住所　〒000-0000　○県○市○町○丁目○番○号
　氏名　　　○○○○
　　（呼び出し。主尋問の予定時間40分）

2　証すべき事実
　　○○漁業協同組合に対する漁業損失補償金○億円の公金支出の必要性がなかった事実、その他原告主張事実全般

3　証すべき事実と証人との関係
　　証人○○○○は、本件漁業補償金○億円を○○市に要求した当時の○○漁業協同組合の代表者であった者である。

4　尋問事項
　　別紙の通り

以上

① 証拠申出書を提出した者が証人を同行することができない場合は「呼び出し」と記載しますが、同行できる場合は「同行」と記載します。

② 尋問事項書（尋問事項を記載した書面）には、次のように主尋問（証拠申出書を提出した者が最初にする質問）の主な質問事項を記載します

尋問事項

　　　　　　　　　　　　　　　　　　　　　証人　　○○○○

1　証人の○○漁業協同組合における組合員歴及び役員歴

> 2　○○漁業協同組合の役員在任中に○○市の誰と漁業補償金交渉をしたのか。
> 3　○○市に要求した漁業補償金○億円の積算内訳は、○○市の誰に説明したのか。
> 　　　＜中　略＞
> 15　その他、上記に関連する事項
> 　以上

(4)　裁判所は、証人尋問の申し出を採用した場合には証人に「呼出状」を送付して期日に証人を呼び出します。証人尋問は、公開の法廷で、裁判長が、まず、人定質問(じんてい)（人違いでないかの質問）を行い、宣誓の前に宣誓の趣旨を説明し、偽証罪を警告した後に宣誓書を朗読させ宣誓書に署名押印させます。宣誓書には「良心に従って真実を述べ、何事も隠さず、また、何事も付け加えないことを誓います」のように記載されています。

(5)　証人尋問の順序は、次のように証拠申出書を提出した者と相手方とが交互に尋問をして行きます（規則第113条第1項）。これを交互尋問方式といいます。

> ①　尋問の申し出をした当事者の尋問（主尋問）
> ②　相手方の尋問（反対尋問）
> ③　尋問の申し出をした当事者の再度の尋問（再主尋問）

　この①②③は当事者の権利として当然に尋問することができますが、その後に尋問をする必要がある場合は裁判長の許可を得て尋問をします（規則第113条第2項）。

　質問内容は制限されており、それぞれ次の事項について行うものとされていますが、裁判長は、質問が相当でないと認める場合は、当事者からの申立または職権で質問を制限することができます（規則第114条）。

> ①　主尋問の質問事項は、立証すべき事項とこれに関連する事項
> ②　反対尋問の質問事項は、主尋問に現れた事項およびこれに関連す

> る事項並びに証言の信用性に関する事項
> ③ 再主尋問の質問事項は、反対尋問に現れた事項およびこれに関連する事項

　裁判長は、必要があると認めるときは、いつでも、自ら証人を尋問し、または当事者の尋問を許すことができます。陪席裁判官（合議体の裁判長以外の裁判官）も裁判長に告げて証人を尋問することができます（規則第113条第3項・第4項）。

(6)　証人への質問は、できる限り、個別的かつ具体的にする必要があります。当事者は次に掲げる質問をしてはなりませんが、①以外の質問は、正当な理由がある場合には質問をすることができます（規則第115条第1項・第2項）。

> ① 証人を侮辱し、または困惑させる質問
> ② 誘導質問（尋問者の望む供述に誘導する質問）
> ③ 既にした質問と重複する質問
> ④ 争点に関係のない質問
> ⑤ 意見の陳述を求める質問
> ⑥ 証人が直接経験しなかった事実についての陳述を求める質問

(7)　証人は、裁判長の許可を受けた場合を除き、書類にもとづいて陳述（証言）することはできません（第203条）。当事者は、裁判長の許可を得て、文書・図画・写真・模型・装置その他の適当な物件を利用して証人に質問をすることができます。この場合、文書などの証拠調べをしていないもので、相手方に異議のある場合には、質問の前に相手方にこれを閲覧する機会を与える必要があります（規則第116条第1項・第2項）。

　裁判長は、必要があると認めるときは、証人と他の証人との対質（両者を対面させて行う尋問）を命ずることができます（規則第118条第1項）。

(8)　初めての本人訴訟で特に重要なことは、他人の民事事件の証人尋問や当事者尋問の傍聴をしておくことです。実際に行われている証人尋問を傍聴しておくと自分の事件の質問事項を作るのに大変役立ちます。質問事項は、主尋問の場合も反対尋問の場合も100項目くらいは作成して質問内容をよく検討します。反対尋問の質問事項は「主尋問に現れた事項およびこれに

関連する事項並びに証言の信用性に関する事項」に限られますが、相手方の質問する事項は予想できますから、予想のできる反対尋問を用意しておきます。その場で考えることは、ほとんど不可能ですから、事前に十分に準備をしておきます。

7　当事者本人尋問の申し出と取り調べ手続

当事者本人尋問の申し出と取り調べ手続は、次のようになります。

(1)　当事者本人尋問（当事者尋問）とは、当事者（原告や被告）本人に口頭で質問し、当事者本人にその体験した事実を供述させて行われる証拠調べをいいます。裁判所は、当事者からの申立または職権で、当事者本人を尋問することができます。この場合に当事者に宣誓をさせることもできます。証人と当事者本人の尋問を行う場合は、まず、証人の尋問をしますが、適当と認めるときは、当事者の意見を聞いて、先に当事者本人の尋問をすることができます（第207条）。裁判長は、必要があると認めるときは、当事者本人と、他の当事者または証人との対質（対面させて行う尋問）を命ずることもできます（規則第126条）。

(2)　当事者本人尋問の申し出と取り調べ手続は、証人尋問の規定が準用されますから、証拠申出書の書き方も証人の場合と同様に作成します。ただ、証人の表示を当事者本人の表示とし、本人訴訟の場合は呼び出しはありませんから同行とします。

(3)　本人訴訟の場合の本人への質問は裁判長が行いますから、尋問事項書の記載は正確な質問文とし読み上げてもらいます。主尋問の質問数は事件にもよりますが、50項目程度に整理をして正確な答えも考えておきます。書類を見て答えることはできません。相手方からの反対尋問に対しては自分に不利にならないように答えます。

8　鑑定の申し出と取り調べ手続

鑑定の申し出と取り調べ手続は、次のようになります。

(1)　鑑定とは、特別の学識経験のある第三者（鑑定人）にその専門知識や意見を報告させて、裁判官の判断能力を補充するために行われる証拠調べをいいます。鑑定の申し出をする当事者は「鑑定申出書」を裁判所に提出し相手方に直送しますが、本書で説明する行政事件訴訟では、ほとんど事例

はないので省略します（鑑定申出書の書式は、筆者の『絶対に訴えてやる！』（緑風出版）65頁参照）。
(2) 鑑定人は裁判所で選任しますから、申し出に際して特定の者を指定する必要はありませんが、適任者と思う者を推薦しても構いません。ただ、その者が選任されるかどうかは分かりません。
(3) 鑑定の結果について、裁判長は、鑑定人に、書面（鑑定書）または口頭で、意見を述べさせることができます（第215条第1項）。裁判所は、鑑定人に口頭で意見を述べさせる場合には、鑑定人が意見の陳述をした後に鑑定人に対し質問をすることができます（第215条の2）。

9　検証の申し出と取り調べ手続

検証の申し出と取り調べ手続は、次のようになります。
(1) 検証とは、裁判官が自分の五感（視覚、聴覚、嗅覚、味覚、触覚）の感覚作用によって直接に対象である検証物（物や場所）を検査して、その結果を証拠資料とする証拠調べをいいます（第232条）。
(2) 検証の申し出をする当事者は「検証申出書」を裁判所に提出し相手方に直送しますが、本書で説明する行政事件訴訟では、ほとんど事例はないので省略します（検証申出書の書式は、筆者の『絶対に訴えてやる！』（緑風出版）66頁参照）。
(3) 検証の目的物（検証物）が、例えば、文書の場合なら紙質・筆跡・印影・作成年代などについて検証が行われます。人間の身体・声なども検証物となります。検証費用は最終的には敗訴者負担となりますが、検証を申し出た者が費用を予納します。

10　調査嘱託の申し出と取り調べ手続

調査嘱託の申し出と取り調べ手続は、次のようになります。
(1) 調査嘱託とは、裁判所が、当事者の申立または職権で、必要な調査を官庁、公署、学校、商工会議所、取引所その他の団体に嘱託する特殊な証拠調べをいいます。例えば、気象台に過去の特定日時・特定場所の気象状況の調査を嘱託したり、警察署に特定の交通事故の発生日時・場所の調査を嘱託するような場合です（第186条）。ただ、調査嘱託をしても嘱託先はこれに応ずる具体的な法的義務はありません。

(2) 調査嘱託の調査結果を証拠資料とするには、裁判所がこれを口頭弁論において当事者に提示して当事者に意見陳述の機会を与えれば足り、当事者の援用（自分の利益のために主張すること）を要しないと解されています。ただ、調査結果の写しを通常の書証として提出することもできます。「調査嘱託申立書」の書式は次の通りです。

平成○年（行ウ）第○○号　損害賠償請求事件
原告　　　○○○○
被告　　　○○市長

調査嘱託申立書

　　　　　　　　　　　　　　　　　　　　　　平成○年○月○日
○○地方裁判所　御中

　　　　　　　　　　　　　　　　　　　　原告　　○○○○　（印）
　頭書事件について、原告は、下記の通り調査嘱託の申立をする。
　　　　　　　　　　　　　記
1　証明すべき事実
　　　＜中　略＞
2　嘱託先
　　　＜中　略＞
3　嘱託事項
　　　＜中　略＞
以上

11　証拠保全の申し出と取り調べ手続

証拠保全の申し出と取り調べ手続は、次のようになります。
(1) 証拠保全の手続として、裁判所は、あらかじめ証拠調べをしておかなければその証拠を使用することが困難となる事情があると認めるときは、申立により普通の証拠調べのやり方の証拠調べをすることができるとしています（第234条）。例えば、証人となるべき者が重病である場合、カルテが改ざんされるおそれがある場合、証拠の録音テープが消去されるおそれ

がある場合などに証拠保全の申立がなされます。
(2) 証拠保全手続を管轄する裁判所は次のようになっています（第235条）

> ① 訴えの提起前は、尋問を受けるべき者もしくは文書の所持者の居所または検証物の所在地を管轄する地方裁判所または簡易裁判所
> ② 訴えの提起後は、その証拠を使用すべき審級の裁判所
> ③ 急迫の事情がある場合は、訴えの提起後でも、①の裁判所

(3) 証拠保全申立書の書式は、訴えの提起前の場合は次のようになります。

証拠保全申立書

平成○年○月○日

○○地方裁判所　御中

　　　　　　　　　　　　　　　申立人　　○○○○　（印）
　　　　　　　〒000-0000 ○県○市○町○丁目○番○号
　　　　　　　　申立人　　　　○○○○
　　　　　　　　　（電話 000-000-0000）
　　　　　　　〒000-0000 ○県○市○町○丁目○番○号
　　　　　　　　相手方　　　　○○○○

第1　申立の趣旨
　1　相手方の住所に臨み、相手方が所持する平成○年○月○日開催の○○会議の内容を収録した録音テープについて検証する。
　2　相手方は、上記検証物を証拠調べの期日において提出せよ。
との決定を求める。
第2　申立の理由
　1　証明すべき事実
　　　＜中　略＞
　2　証拠保全の必要性
　　　＜中　略＞

                             疎明資料
1　疎甲第1号証　　　（内容省略）
2　疎甲第2号証　　　（内容省略）
3　疎甲第3号証　　　（内容省略）

                             附属書類
1　疎甲号証の写し　　　各1通
　以上

① この申立書は管轄の裁判所の民事受付係に正本と副本を各1通提出します。
② 申立書には収入印紙と郵便切手が必要ですから、民事受付係に確認します。
③ 疎明（そめい）とは、証明までの厳格さは不要ですが、ある程度そうした事実がありそうだという心証を裁判官に得させることをいいます。そのような資料を添付します。
④ 疎明資料（文書）には「疎甲第1号証」からの一連番号を書証写しの場合と同様に赤鉛筆で表示します。その位置は横書文書は右上隅、縦書文書は左上隅とします。文書は写しを添付します。

Q28 判決の言渡しは、どのようにするのですか

1 判決とは

　判決とは、口頭弁論にもとづいて裁判所（裁判官で構成される審理機関）が行う裁判をいいます。裁判の種類には、①判決のほか、②口頭弁論を経ずに裁判所が行う決定、③口頭弁論を経ずに裁判官が行う命令の3種類があります。

　裁判所は、訴訟が判決をするのに「熟した」ときは、終局判決（その審級の審理を完結させる判決）をします。「熟した」とは、裁判官が終局判決ができると判断した状態をいいます。裁判所は、訴訟の一部が判決をするのに熟したときは、その一部についての終局判決（一部判決）をすることもできます（第243条）。

2 判決の種類

　判決の種類は、次のように分類することができます。
(1) その審級の審理を完結させる判決を終局判決といい、審理中に終局判決の準備をする判決を中間判決といいます。
(2) 終局判決には、①訴訟要件を欠く場合に訴えを不適法として却下する訴訟判決と、②訴えによる請求自体に理由があるかどうかを判断する本案判決があります。更に、終局判決は、審理の完結の範囲により、ⓐ全部判決とⓑ一部判決の区別があり、判決の脱漏の場合のⓒ追加判決があります。

> ① 訴訟判決（門前払いの判決で、訴訟要件が欠けている場合に訴えを不適法として却下する判決）
> ② 本案判決（請求自体の当否について判断した判決）
> 　ア　請求認容判決（原告の請求を理由があるとする判決）
> 　イ　請求棄却判決（原告の請求を理由がないとする判決）
> 　ウ　事情判決（行政事件訴訟法第31条により請求に理由がある場合でも、公益上、請求棄却とする判決）

3　判決の言渡し

　判決は、言渡しによってその効力を生じます（第250条）。判決の言渡しは、事件が複雑であるときその他特別の事情がある場合を除き、口頭弁論終結の日から2カ月以内にする必要があります。判決の言渡しは、当事者が在廷しない場合でもすることができます（第251条）。判決の言渡しは、公開の法廷で言渡し期日に裁判長が判決書の原本にもとづいて主文を朗読して行います（第252条、規則第155条）。判決書には、次の事項が記載されています（第253条）。

(1)　主文（訴状の「請求の趣旨」に対する応答部分で判決の結論）
(2)　事実（双方の主張を口頭弁論終結時を基準として要約した部分）
(3)　理由（主文の判断に至った理由）
(4)　口頭弁論の終結の日
(5)　各当事者と代理人の表示
(6)　判決をした裁判所名

　上の事実の記載においては、請求（審判の対象）を明らかにして、かつ、主文（判決の結論部分）が正当であることを示すのに必要な主張を摘示する必要があります。

Q29 上訴の手続は、どのようにするのですか

1　上訴とは

　上訴とは、裁判の確定前に、上級の裁判所に対し、その裁判（原裁判）の取消または変更を求める不服申立をいいます。判決に対する上訴のうち第二審を控訴といい、第三審を上告といいます。裁判の種類の中の決定（口頭弁論を経ずにできる裁判所の裁判）と命令（口頭弁論を経ずにできる裁判官の裁判）に対する上訴を抗告といいます。

　日本の裁判制度は裁判所を３つの審級に分けて、原則として２回まで不服申立ができる三審制を採用しています。しかし、２回とも同じ方法で審理するのではなく、二審（控訴審）では原審（一審）と同様に原判決について事実の面と法律の面から審理をする事実審としていますが、三審（上告審）では専ら法律解釈の面から審理をする法律審として特色を持たせています。しかし、上告審では事実認定の誤りについては審理をしませんから、実質的には二審制だと考えておく必要があります。

　上訴は、一審が地方裁判所の場合には、控訴審が高等裁判所、上告審が最高裁判所となりますが、一審が簡易裁判所の場合には、控訴審が地方裁判所、上告審が高等裁判所となります。ただ、例外として、高等裁判所が上告審としてした終局判決に対しては、その判決に憲法の解釈の誤りがあることその他憲法の違反があることを理由とするときに限り、最高裁判所に更に上告をすることができます（第327条）。この制度を特別上告といい、この場合は四審制度になります。

2　上訴の種類

　上訴の種類には、①控訴（二審）、②上告（三審）、③抗告があります。
　(1)　控訴（二審）とは、一審の終局判決（その審級の審理を完結させる判決）に対して事実審（事実問題と法律問題の両方を審理する審級）としての上級審への不服申立をいいます。この場合の申立人を控訴人といい、相手方を被控訴人といいます。一審の原告・被告とは無関係です。

(2) 上告（三審）とは、控訴審（二審）の終局判決に対する法律審（法律問題だけを審理する審級）としての上級審への不服申立をいいます。この場合の申立人を上告人といい、相手方を被上告人といいます。上告審が高等裁判所の場合に判決に憲法違反がある場合は、前述した通り、特別上告をすることができます。

(3) 抗告とは、決定や命令の裁判に対する独立の上訴方法をいいます。例えば、文書提出命令の申立に対する却下の決定に対する即時抗告があります。抗告には、①即時抗告（法律に明文規定のある場合に限り1週間以内にする不服申立）と②通常抗告（法律に即時抗告と明示していない場合）とがありますが、決定や命令でも抗告のできない場合もあります。抗告の手続は控訴審に準じます。この場合の申立人を抗告人といい、相手方を相手方といいます。一審の原告・被告とは無関係です。

3 控訴審の手続

控訴審の手続は、次のようになります。

(1) 控訴の提起は、控訴人が第一審の判決書正本の送達を受けた日から2週間以内に第一審裁判所（原裁判所）に控訴状を提出します（第285条）。控訴状の宛て先は第二審の裁判所名とします。控訴審の手続は、特別の規定がある場合を除き、第一審の訴訟手続の規定が準用されます（第297条）。控訴状の提出から口頭弁論の開始までの手続は次のようになります。

> ① 控訴状を第一審裁判所（原裁判所）へ提出（原判決の送達から2週間以内）
> ② 第一審裁判所による控訴状の適法性の審査（補正不能の場合は却下）
> ③ 第一審裁判所の書記官から第二審裁判所の書記官へ訴訟記録を送付
> ④ 控訴裁判所（第二審裁判所）の裁判長による控訴状の審査
> ⑤ 控訴状を被控訴人へ送達
> ⑥ 控訴人の控訴理由書の提出（控訴提起後50日以内に）（規則第182条）
> ⑦ 被控訴人からの答弁書（反論の準備書面）の提出
> ⑧ 口頭弁論の開始（第一審の口頭弁論の結果を陳述）（第296条第2項）

控訴審の仕組みは、第一審の口頭弁論の結果の陳述を義務づけることにより（第296条第2項）、最初からやり直すのではなく、第一審の審理を基礎として続行することとしています。この制度を続審制といいます。控訴審の口頭弁論は、当事者が第一審判決の変更を求める限度（控訴人の不服申立の限度）においてのみ、なされます（第296条第1項）。

(2)　控訴状の作り方も次のように訴状と同様にして作成します。

控　訴　状

平成○年○月○日

○○高等裁判所　御中

控訴人　　○○○○　（印）

　　　　　〒000-0000　○県○市○町○丁目○番○号（送達場所）
　　　　　　　控訴人（一審原告）　　○○○○
　　　　　　　　　　（電話000-000-0000）

　　　　　〒000-0000　○県○市○町○丁目○番○号
　　　　　　　被控訴人（一審被告）　　○○○○

損害賠償請求控訴事件
　　訴訟物の価額　　金○○○万○千円
　　貼用印紙額　　　金○万○千円

上記当事者間の○○地方裁判所平成○年（ワ）第○○○号損害賠償請求事件について平成○年○月○日に言い渡された下記判決は全部不服であるから、控訴を提起する。

記

第1　原判決の表示
　1　原告の請求を棄却する。
　2　訴訟費用は原告の負担とする。

第2　控訴の趣旨
1　原判決を取り消す。
2　被控訴人は、控訴人に対し、金○○○万○千円及びこれに対する平成○年○月○日から支払済みまで年5分の割合による金員を支払え。
3　訴訟費用は、第一審、第二審とも被控訴人の負担とする。
4　仮執行宣言

第3　控訴の理由
追って、控訴理由書を提出する。
以上

① 貼用印紙額は、訴状の1.5倍となります。
② 提出する郵便切手の種類と枚数は、控訴状受付係で確認します。
③ 控訴状の控訴の理由を記載しない場合は、控訴提起後50日以内に控訴理由書を提出します。作り方は決まっていませんが、準備書面と同様にして作成します。控訴状が一審裁判所にある場合は一審裁判所へ提出しますが、その後は二審裁判所へ提出します。
④ 提出通数は、裁判所用1通と被控訴人の数を提出します。控訴人の控えも作成しておきます。

4　上告審の手続

上告審の手続は、次のようになります。
(1)　上告の提起は、第一審が地方裁判所の場合（訴訟物の価額が140万円を超える訴訟や不動産に関する訴訟）では第二審（控訴審）が高等裁判所となりますから、高等裁判所の終局判決に対して最高裁判所に上告することができます。第一審が簡易裁判所の場合は第二審（控訴審）が地方裁判所となり、第三審（上告審）は高等裁判所となります（第311条）。
(2)　上告の提起は、原判決（二審判決）の判決書正本の送達後2週間以内に上告状を原裁判所（二審の裁判所）に提出します。上告状の宛て先は上告裁判所名とします。上告審の手続は、法律に特別の規定のある場合を除き、

控訴審の規定が準用されます（第313条・第285条）。上告状に上告理由の記載がない場合には、上告人は、裁判所から「上告提起通知書」の送達を受けた日から50日以内に「上告理由書」を提出する必要があります（規則第194条）。上告することができる場合は、原判決に憲法の解釈の誤りがある場合などに限定されています。

(3) 上告をすべき裁判所が最高裁判所である場合には、上告の理由がないときでも、原判決（二審判決）に最高裁判所判例の違反その他の法令の解釈に関する重要な事項が含まれている場合には、上告審として事件を受理するように「上告受理申立書」によって申立をすることができます（第318条）。

(4) 上告の理由には、次のように①憲法違反（一般的上告理由）と②重大な手続法違反（絶対的上告理由）とがあります（第312条第1項・第2項）。

> ① 原判決に憲法の解釈の誤りがあることその他憲法の違反があること（一般的上告理由＝憲法違反）
> ② 法律に従って判決裁判所を構成しなかったこと
> ③ 法律により判決に関与することができない裁判官が判決に関与したこと
> ④ 専属管轄（特定の裁判所のみに認めた管轄）の規定に違反したこと
> ⑤ 法定代理権、訴訟代理権または代理人が訴訟行為をするのに必要な授権を欠いたこと
> ⑥ 口頭弁論の公開の規定に違反したこと
> ⑦ 判決に理由を付せず、または理由に食い違いがあること
> （2から7までは絶対的上告理由）

実務上、上告理由としてよく主張されるのは①と⑦です。高等裁判所への上告（一審が簡易裁判所の場合）は、判決に影響を及ぼすことが明らかな法令の違反があることを理由とすることもできます（第312条第3項）。

(5) 「上告受理の申立」として、上告の提起とは別に、上告裁判所が最高裁判所の場合には、原判決に最高裁判所の判例と相反する判断がある事件その他法令の解釈に関する重要な事項を含むと認められる事件について、申立により、決定で、最高裁判所の上告審として事件を受理することができます（第318条）。

(6) 上告の提起と上告受理申立とを次のように1通の書面ですることができます。この場合には、上告状と上告受理申立書とを兼ねるものであることを明らかにする必要があります（規則第188条）。両方を別々に作成してもかまいませんが、手数料（収入印紙）は1通分を納付します。両方を兼ねる場合の書式例は次の通りです。

上告状兼上告受理申立書

平成〇年〇月〇日

最高裁判所　御中

　　　　　　　　　　　上告人兼上告受理申立人　　〇〇〇〇（印）

　　　　〒000-0000　〇県〇市〇町〇丁目〇番〇号（送達場所）
　　　　　　　　上告人兼上告受理申立人　　〇〇〇〇
　　　　　　　　　　（電話 000-000-0000）

　　　　〒000-0000　〇県〇市〇町〇丁目〇番〇号
　　　　　　　　被上告人兼相手方　　　　〇〇〇〇

損害賠償請求上告事件兼上告受理申立事件
　　訴訟物の価額　　　金〇〇〇万〇千円
　　貼用印紙額　　　　金〇万〇千円

　上記当事者間の〇〇高等裁判所平成〇年（ネ）第〇〇〇号損害賠償請求控訴事件について平成〇年〇月〇日に言い渡された下記判決は、全部不服であるから、上告提起及び上告受理申立をする。

記

第1　原判決（第二審判決）の表示
　1　本件控訴を棄却する。
　2　控訴費用は控訴人の負担とする。

第2　上告の趣旨

1　原判決を破棄し、さらに相当の裁判を求める。

第3　上告受理申立の趣旨
　　1　本件上告を受理する。
　　2　原判決を破棄し、さらに相当の裁判を求める。

第4　上告の理由及び上告受理申立の理由
　　追って、各理由書を提出する。
　　以上

① 手数料の収入印紙額は訴状の場合の2.0倍となります。郵便切手の種類と枚数は原裁判所の受付係で確認します。
② 上告できる期間は原判決の送達後2週間以内とされています。提出先は二審の裁判所で、提出通数は訴状の場合と同じですが、上告理由や上告受理申立理由を記載した場合は、相手方数に6を加えた数の副本を提出します。
③ 上告理由書と上告受理申立理由書の提出期限は、裁判所から上告提起通知書や上告受理申立通知書の送達を受けた日から50日以内とされています。これらの理由書の書き方は決まっていませんが、準備書面と同様にして作成します。各理由書は、それぞれの法的根拠が異なりますから、それぞれの根拠に合致するように別々に作成します。各提出通数は正本1通と相手方数に6を加えた数の副本を提出します。

5　抗告の手続

抗告の手続は、次のようになります。
(1) 抗告とは、裁判の種類のうち、判決以外の決定（口頭弁論を経ない裁判所の裁判）と命令（口頭弁論を経ない裁判官の裁判）に対する不服申立方法をいいます。抗告の種類には、前述した通り、①即時抗告と②通常抗告とがあります。

① 即時抗告とは、裁判の告知を受けた日から1週間以内に提起すること

が必要な抗告をいいます。即時抗告は、原裁判の執行の停止の効力があります。

② 通常抗告とは、原裁判の取消を求める利益がある限り、いつでも提起することができる抗告をいいます。通常抗告は、執行の停止の効力はありません。

(2) 抗告の手続は控訴審に準じますから、抗告状は原裁判所へ提出します。抗告状には原裁判の取消または変更を求める事由（抗告の理由）の具体的な記載が必要ですが、その記載のない場合は、抗告人は、抗告の提起後14日以内に抗告理由書を原裁判所へ提出する必要があります（規則第207条）。

(3) 最高裁判所に対する抗告には、①特別抗告と②許可抗告とがあります。

① 特別抗告とは、ⓐ地方裁判所や簡易裁判所の決定や命令で不服申立ができないものとⓑ高等裁判所の決定や命令に対して、憲法違反を理由とする場合をいいます。裁判の告知を受けた日から5日以内に提起する必要があります（第336条）。

② 許可抗告とは、高等裁判所の決定や命令で、最高裁判所の判例に反する判断その他法令の解釈に関する重要な事項を含むものについての抗告をいいます。この場合も5日以内にする必要があります（第337条）。

(4) 抗告状の書式は決まっていませんが、次例のように記載します。

```
                      抗告状
                                      平成○年○月○日
○○高等裁判所　御中
                              抗告人　　○○○○（印）

            〒000-0000　○県○市○町○丁目○番○号（送達場所）
                抗告人（原告）　　　○○○○
                    （電話 000-000-0000）

            〒000-0000　○県○市○町○丁目○番○号
```

Q 29 ── 上訴の手続は、どのようにするのですか

相手方（被告）　　○○○○

　上記当事者間の○○地方裁判所平成○年（モ）第○○○号文書提出命令申立事件（平成○年（ワ）第○○○号損害賠償請求事件）について、同裁判所が平成○年○月○日になした後記決定は不服であるから、即時抗告を申し立てる。

記

第1　原決定の表示
　本件文書提出命令の申立を却下する。

第2　抗告の趣旨
　1　原決定を取り消す。
　2　相手方は、本決定送達の日から14日以内に別紙目録記載の文書を提出せよ。
　との裁判を求める。

第3　抗告の理由
　　　＜内容省略＞　　（原決定の違法性について述べる）
　　以上　　　　　　＜別紙目録は省略＞

① 原裁判所に正本（裁判所用）1通を提出します。抗告裁判所から口頭弁論を開く旨の通知があった場合は、相手方数の副本を提出します。
② 抗告状の提出には収入印紙と切手が必要ですから、受付係で確認します。
③ 即時抗告の場合は裁判の告知を受けた日から1週間以内に提出します。

Q30 その他の手続には、どんな手続がありますか

1 当事者照会の手続

当事者照会の手続は、次のようになります。

(1) 当事者照会の手続として、当事者は、訴訟の係属中に相手方に対して主張または立証を準備するために必要な事項について、相当の期間を定めて書面で回答するよう書面で照会することができます。ただし、次のいずれかに該当する照会をすることはできません（第163条）。

> ① 具体的または個別的でない照会
> ② 相手方を侮辱し、または困惑させる照会
> ③ 既にした照会と重複する照会
> ④ 意見を求める照会
> ⑤ 相手方が回答するために不相当な費用または時間を要する照会
> ⑥ 相手方が証言を拒絶することができる事項と同様の事項についての照会（例えば、証人となった場合に証言拒絶のできるような内容）

(2) 当事者照会の手続は、原告や被告が相手方に対して直接照会する手続ですから、原告や被告が第三者に対して照会することはできません。当事者照会の手続では、照会を受けた者が回答をする法律上の具体的な義務がないので、あまり役立ちません。

(3) 「当事者照会書」の書き方は決まっていませんが、次例のように記載します。

○○地方裁判所平成○年（ワ）第○○○号　損害賠償請求事件
原告　　○○○○
被告　　○○○○
　　　　　　　　当事者照会書

```
                                          平成○年○月○日
被告　○○○○　殿
                     〒000-0000　○県○市○町○丁目○番○号
                            原告　　　○○○○　（印）
                                    （電話 000-000-0000）
```

　原告は、被告に対し、民事訴訟法第163条の規定に基づき下記の通り当事者照会を行う。

記

1　照会事項
　(1)　被告が骨折治療のために入院した病院名及び担当医師の氏名
　　＜中略＞
2　照会の必要性
　　＜中略＞
3　回答期限
　平成○年○月○日
以上

　相手方に訴訟代理人弁護士が付いている場合は、その弁護士に照会します。

2　裁判官や書記官の忌避の手続

　裁判官や書記官の忌避の手続は、次のようになります。
(1)　裁判官や書記官について「裁判の公正を妨げるべき事情があるとき」には、当事者（原告や被告）は、その裁判官や書記官について忌避の申立をすることができます（第24条・第27条）。忌避とは、当事者の申立により決定（裁判の一種）によって特定の者を職務執行から排除することをいいます。忌避の申立事由は、単に「裁判の公正を妨げるべき事情があるとき」と規定されているだけですが、これは当事者が不公平な裁判をするおそれがあるとの不信の念を持つのももっともであるといえる事情をいいます。ただ、裁判例では、ほとんど認められていません。
(2)　忌避の申立について理由があるとする決定に対しては不服申立はできませんが、忌避の申立を理由がないとする決定に対しては即時抗告（裁判の

告知を受けた日から1週間以内にすることが必要な抗告）をすることができます（第25条第4項・第5項）。
(3) 裁判官も書記官も同様の書式ですが、次例のようになります。

平成○年（ワ）第○○○号　損害賠償請求事件
原告　○○○○
被告　○○○○

裁判官忌避申立書

　　　　　　　　　　　　　　　　　　　　　　平成○年○月○日
○○地方裁判所　御中
　　　　　　　　　　　　　　　　　申立人（原告）　○○○○（印）

　　　　　　　〒000-0000　○県○市○町○丁目○番○号（送達場所）
　　　　　　　　　申立人（原告）　　　　○○○○
　　　　　　　　　　　　　　　　（電話 000-000-0000）

第1　申立の趣旨
　　裁判官○○○○に対する忌避は理由がある。
　　との裁判を求める。

第2　申立の理由
　　（「裁判の公正を妨げるべき事情」を記載する）

第3　疎明方法
　　（「裁判の公正を妨げるべき事情」を疎明（一応、確からしいという程度の心証を抱かせること）する文書がある場合に記載する）
　　以上

---

① 裁判所に正本1通を提出します。手数料の収入印紙500円分と裁判所の指定する郵便切手1,040円分程度が必要です。

② 裁判官忌避申立書が受理されると期日は取り消されて訴訟手続は停止されます。
(4) 裁判官忌避申立について理由がないとする却下決定に対しては即時抗告（決定の告知から1週間以内に提起する抗告）をすることができますから、次のような即時抗告の抗告状を提出します。

抗　告　状

平成〇年〇月〇日

〇〇高等裁判所　御中

抗告人　〇〇〇〇　（印）

〒000-0000　〇県〇市〇町〇丁目〇番〇号（送達場所）
抗告人（原告）　　　〇〇〇〇
（電話 000-000-0000）

　抗告人は、〇〇地方裁判所平成〇年（ワ）第〇〇〇号損害賠償請求事件について、裁判官〇〇〇〇に対する忌避申立をしたが、〇〇地方裁判所は、平成〇年〇月〇日、上記申立を理由がないものとして却下する旨の決定をなし、平成〇年〇月〇日上記決定の送達を受けたが、不服につき即時抗告をする。

第1　原決定の表示
　事件番号　平成〇年（モ）第〇〇号
　主文　本件忌避申立を却下する。

第2　抗告の趣旨
　1　原決定を取り消す。
　2　抗告人の忌避申立は理由がある。
　との裁判を求める。

第3　抗告の理由
　（原決定は誤りであるとする不服の理由を記載する）

```
第4　疎明方法
（追加する疎明資料がある場合に記載する）
　　以上
```

① 決定の告知を受けた日から1週間以内に正本1通を原裁判所に提出します（第332条）。手数料の収入印紙1千円分と裁判所の指定する郵便切手1,040円分程度が必要です。

② 即時抗告が受理されると訴訟手続は停止されます。

(5) 裁判官忌避申立について高等裁判所でも却下決定がなされた場合は、その決定に憲法の解釈に誤りがあることその他憲法の違反があることを理由として最高裁判所に特別抗告をすることができます。特別抗告のできる期間は原決定の告知を受けた日から5日以内とされています（第336条）。

```
　　　　　　　　　　　　特別抗告状
　　　　　　　　　　　　　　　　　　　　平成○年○月○日
最高裁判所　御中
　　　　　　　　　　　　　　特別抗告人　　○○○○　（印）

　　　　　　〒000-0000　○県○市○町○丁目○番○号（送達場所）
　　　　　　　　特別抗告人　　○○○○
　　　　　　　（電話 000-000-0000）

　○○高等裁判所平成○年（ラ）第○○号裁判官忌避申立却下抗告事件につき、同裁判所は、平成○年○月○日、下記決定をなし、同決定は同年○月○日抗告人に送達されたが、同決定は憲法に違背し、不服であるから特別抗告をする。

第1　原決定の表示
　1　本件抗告を棄却する。
　2　抗告費用は抗告人の負担とする。
```

Q 30 ──その他の手続には、どんな手続がありますか

第2 特別抗告の趣旨
1 原決定を取り消す。
2 本件を○○地方裁判所に差し戻す。
との裁判を求める。

第3 特別抗告の理由
追って、特別抗告理由書を提出する。
以上

① 決定の告知を受けた日から5日以内に正本1通を原裁判所に提出します。手数料の収入印紙1千円分と裁判所の指定する郵便切手1,040円分程度が必要です。
② 特別抗告の理由を記載していない場合は、裁判所から特別抗告提起通知書の送達を受けた日から14日以内に特別抗告理由書を提出する必要があります。
③ 即時抗告の場合と異なり訴訟手続を停止する必要はありませんが、事実上は停止されることもあります。

3 裁判官の罷免を求める訴追請求の手続

裁判官の罷免を求める訴追請求の手続は、次のようになります。
(1) 裁判官は、司法権の独立を守るために身分が保障されていますが、司法権も主権者である国民の信託によるものですから、司法にも国民の意思が反映される必要がありますので、裁判官に次のような罷免の事由がある場合には、両議院の議員で組織する弾劾裁判所に訴追の請求をすることができます（裁判官弾劾法第2条）。
 ① 裁判官が職務上の義務に著しく違反し、または職務を甚だしく怠ったとき
 ② 裁判官に職務の内外を問わず、裁判官としての威信を著しく失うべき非行があったとき
(2) 罷免の訴追を受けた裁判官を裁判するために、国会には、両議院の議員

で組織する弾劾裁判所を設けています（憲法第64条）。裁判官は、裁判によって心身の故障のために職務を遂行することができないと決定された場合を除き、公の弾劾によらなければ罷免されないとされています。裁判官の懲戒処分は行政機関が行うことはできません（憲法第78条）。訴追委員会は、両議院の議員の訴追委員が各7名以上出席した場合に議事を開き議決することができますが、訴追の決定または不訴追の決定をする場合は出席訴追委員の3分の2以上の多数による議決が必要です。訴追の決定または不訴追の決定の結果は、訴追請求人に通知されます。

(3) 何人でも、裁判官について弾劾による罷免の事由があると思うときは、訴追委員会に対して罷免の訴追をすべきことを求めることができます。罷免の訴追を請求するには、その事由を記載した書面（訴追請求状）を裁判官訴追委員会へ提出する必要があります。この場合は、証拠は必ずしも提出する必要はありません（裁判官弾劾法第15条）。

(4) 訴追の請求をする場合は第5章Q38のような「訴追請求状」を裁判官訴追委員会へ郵送で提出します。罷免の訴追は、罷免の事由があった後3年を経過した場合にはできないとされています（裁判官弾劾法第12条）。

4　訴えの変更の手続

訴えの変更の手続は、次のようになります。

(1) 訴えの変更とは、訴訟の係属中に原告が当初の訴えによって申し立てた審判事項を変更することをいいます。本書で説明する住民訴訟の例では、当初は違法な公金支出額が2億円しか分からなかったのに訴訟の係属中に更に3億円の違法な公金支出が発覚した場合に訴訟物の価額を2億円から5億円に変更するような場合があります。訴えの変更が許される要件は、次のようになっています。

　① 請求の基礎に変更がないこと（訴状に書いた基本的事実関係と同じ範囲内であること）
　② 著しく訴訟手続を遅延させないこと
　③ 事実審（一審・二審）の口頭弁論終結の前であること
　④ 訴えの併合ができる場合であること（複数の請求の併合が許されること）

(2) 住民訴訟で「請求の趣旨」の訴訟物の価額を2億円から5億円に変更する場合の書式例は次のようになります。

```
平成○年（行ウ）第○○号　損害賠償請求事件
原告　　○○○○
被告　　○○市長
```

訴えの変更申立書

平成○年○月○日

○○地方裁判所　御中

原告　　○○○○（印）

　頭書事件について、原告は、下記の通り請求の趣旨を追加的に変更する。

記

第1　請求の趣旨の変更

　原告は、従前の請求額を増額し、次の通り請求の趣旨を変更する。

「1　被告○○市長は、○○○○（職員名）に対し、金5億円及び内金2億円に対しては訴状送達の日の翌日から、内金3億円に対しては本件訴え変更申立書送達の日の翌日から、各支払済みに至るまで年5分の割合による金員を支払うよう請求せよ。

　2　訴訟費用は、被告の負担とする。」

第2　請求の原因の変更

　原告は、前記第1の請求の趣旨の変更に伴い、次の通り請求の原因を補正する。

　請求の原因の第2に記載の「2億円」を「5億円」とする。

　　　　　以上

---

①　請求の趣旨を変更して請求額を増額する場合は増額分の収入印紙を追加する必要がありますが、例外的に住民訴訟のような訴訟物の価額が算定不能とされている場合には追加の収入印紙は不要です。

②　提出通数は、訴状の場合と同じ（正本1通と被告数の副本）です。

(3)　公務員の不作為を原因とする国家賠償請求訴訟で「請求の趣旨」の訴訟物の価額を10万円から15万円に増額する場合の書式例は次のようになります。

```
平成○年（ワ）第○○号　損害賠償請求事件
原告　　○○○○
被告　　○○市
```

訴え変更申立書

平成○年○月○日

○○地方裁判所　御中

　　　　　　　　　　　　　　　　　　原告　　○○○○（印）

　頭書事件について、原告は、下記の通り請求の趣旨を変更する。

記

第1　請求の趣旨の変更
　訴状記載の請求の趣旨第1項を次の通り変更する
「1　被告は、原告に対し、金15万円及び内金10万円に対しては訴状送達の翌日から、内金5万円に対しては本件訴え変更申立書送達の翌日から、各支払済みに至るまで年5分の割合による金員を支払え。」
第2　請求の趣旨の理由
　（不作為の期間が続いている事実などの理由を述べる）
　以上

① 請求額を拡張する場合は増額分の収入印紙を追加する必要がありますが、訴訟物の価額は最低額10万円ですから、請求額を5万円から10万円に増額する場合には追加は不要です。しかし、訴額が10万円までの印紙は1000円、20万円までは2000円ですから、上例では1000円分の追加が必要です。
② 提出通数は、訴状の場合と同じ（正本1通と被告数の副本）です。
③ 国家賠償請求でも訴訟物の価額が140万円以下の場合は訴状は簡易裁判所へ提出しますが、一般に事件は地方裁判所へ移送されます。

Q31 非公開処分の取消訴訟と住民訴訟で注意することは、どんなことですか

1 行政文書非公開処分の取消訴訟で注意すること

行政文書非公開処分の取消訴訟で注意することは、次の通りです。

(1) 処分の取消の訴え（取消訴訟）とは、行政庁（自治体や国のような行政主体のために意思決定をする権限を有する自治体の長・委員会や大臣のような行政機関）の処分その他公権力の行使に当たる行為の取消を求める訴訟をいいます。

　取消訴訟を提起することができる者（原告適格）は、その行政処分（例えば、非公開処分）の取消を求めるについて法律上の利益を有する者に限り提起することができます（行政事件訴訟法第9条第1項）。法律上の利益を有する者の範囲は、事件の性質に応じて異なりますが、非公開処分のような行政処分の相手方（公開請求者）がこれに当たります。

(2) 非公開処分の取消訴訟の被告となる者（被告適格）は、処分をした行政庁が自治体や国に所属する場合には、その処分をした行政庁の所属する自治体または国を被告として提起することになります（行政事件訴訟法第11条第1項・行政主体主義の採用）。実務上は、非公開処分の通知書で被告が教示されます。平成16年6月2日公布の行政事件訴訟法改正法（以下「平成16年改正法」といいます）施行前は、処分をした行政庁を被告として提起していました。

(3) 取消訴訟を管轄する裁判所は、次のいずれかの裁判所となります。

① 被告の普通裁判籍（住所などの場所により決まる裁判所の管轄）の所在地を管轄する裁判所、または処分をした行政庁の所在地を管轄する裁判所となります（行政事件訴訟法第12条第1項）。この場合では、行政庁が知事や市町村長の場合は都道府県庁や市町村役場の所在地の裁判所となり、法務大臣の場合は東京地方裁判所となります。

② その処分に関し事案の処理に当たった下級行政機関の所在地の裁判所にも提起することができます（行政事件訴訟法第12条第3項）。

③ 国や独立行政法人を被告とする取消訴訟では、原告の普通裁判籍の所

在地（住所地）を管轄する高等裁判所の所在地を管轄する地方裁判所（これを特定管轄裁判所といいます）にも提起することができます（行政事件訴訟法第12条第4項）。

ただ、この特定管轄裁判所に取消訴訟がされた場合であって、他の裁判所に事実上および法律上同一の原因にもとづいてされた処分に係る取消訴訟が係属している場合においては、その特定管轄裁判所は、当事者の住所・所在地、尋問を受けるべき証人の住所、争点または証拠の共通性その他の事情を考慮して、相当と認めるときは、申立によりまたは職権で、訴訟の全部または一部について、他の裁判所に移送することができます（行政事件訴訟法第12条第5項）。

平成16年改正法施行前は、処分をした行政庁の所在地の裁判所となっていました。

(4) 取消訴訟を提起することができる期間（出訴期間）は、次のようになります（行政事件訴訟法第14条）。
① 取消訴訟は、処分があったことを知った日から6カ月を経過したときは提起することができません。ただし、正当な理由がある場合は除かれます。平成16年改正法施行前は、「処分を知った日から3カ月以内」とされていました。
② 取消訴訟は、処分の日から1年を経過したときは、処分があったことを知らなかった場合でも提起することができません。ただし、正当な理由がある場合は除かれます。
③ 処分について行政不服審査法にもとづく審査請求または異議申立をした者については、審査請求に対する裁決または異議申立に対する決定（いずれも行政不服審査法による不服申立に対する結論）があったことを知った日から6カ月を経過したときまたは裁決や決定の日から1年を経過したときは、取消訴訟を提起することができません。ただし、正当な理由があるときは除かれます。審査請求は異議申立をした場合は、その結論が出るまでに相当の期間を要しますから、結論が出た時から出訴期間を計算するのです。

(5) その処分について行政不服審査法に基づく不服申立（審査請求または異議申立）をすることができる場合であっても、不服申立をせずに直ちに行政事件訴訟法にもとづく取消訴訟を提起することができます。実務上は、

取消訴訟が必要なものについては、行政不服審査法に基づく不服申立の結論を待っていては時間がかかり過ぎるので、直ちに取消訴訟を提起します。

(6) 自治体や国（行政主体）を被告として処分の取消訴訟を提起する場合には、訴状に民事訴訟の例により記載すべき事項のほか、その処分をした行政庁を記載する必要があります。自治体や国を被告として処分の取消訴訟が提起された場合には、被告は、遅滞なく裁判所に対して、その処分をした行政庁を明らかにする必要があります（行政事件訴訟法第11条第4項・第5項）。

(7) 処分をした行政庁は、その処分に係る自治体や国を被告とする取消訴訟について、裁判上の一切の行為をする権限を有するものとされています（行政事件訴訟法第11条第6項）。自治体や国が被告となっても、実際には、行政庁が裁判上の行為をする必要があることから規定されたもので、民事訴訟法第54条第1項の「法令により裁判上の行為をすることができる代理人」に該当します。

(8) 処分の取消訴訟を提起する場合に、裁判の手数料を決定する訴訟物（審判の対象）の価額の計算をする際の訴訟物（訴訟上の請求の内容である審判の対象）の個数が問題とされる場合があります。例えば、①通常の裁判官は、1件の公開請求に対する非公開処分を1件の行政処分として扱いますが、②裁判官によっては、A内容の文書の非公開処分とB内容の文書の非公開処分とは別の行政処分であるとして、裁判手数料の収入印紙（非財産権上の請求の訴額は160万円とみなされるので1件13000円）を2件分とする者がいます。更に、③裁判官によっては、「1　A関係文書の全部、2　B関係文書の全部」として公開請求書を作成している場合は、項目ごとに2件の行政処分だと判断する裁判官もいますし、④A関係文書はa課が決定通知書を作成し、B関係文書についてはb課が決定通知書を作成している場合は決定通知書の枚数の行政処分の数とする裁判官もいます。裁判官の判断に不服申立をすることはできますが、時間の無駄になりますから、取消訴訟の対象とする公開請求書については次のように作成します。

① 公開請求書の請求内容を箇条書きにしないこと（全部を続けて記載する）

② なるべく複数の課にまたがる文書としないこと

③ 公開請求書は1枚（1件）とすること

(9) 取消訴訟を提起する場合は、既に非公開処分について行政不服審査法に基づく不服申立（審査請求または異議申立）をしている場合でも、新たな同一または類似の公開請求をして非公開処分通知書を受領して取消訴訟を提起します。

(10) 訴状の「請求の趣旨」は一般に次のようになります。

> 1　被告の行政庁○県知事が、原告に対して平成○年○月○日付17土木第○○○号文書でなした行政文書非公開決定処分を取り消す。
> 2　訴訟費用は被告の負担とする。

2　住民訴訟で注意すること

住民訴訟で注意することは、次の通りです。

(1) 住民訴訟を提起することができる者（原告適格）は、地方自治法第242条に規定する適法な住民監査請求を行った者で、かつ、住民監査請求を行った当時の自治体（都道府県や市町村）の区域内に住所を有する住民に限られています。住民には個人（自然人）のほか会社のような法人も含まれます。自然人の住所の有無は住民票の記載の有無で判断されますが、法人の住所は法人登記簿の記載で判断されます。原告が他の自治体に転居した場合は原告の資格を失いますから、できれば住民監査請求から複数の者で行い、住民訴訟の原告も複数の者がなります。一つの住民監査請求を複数の者が行った場合は、その中の一人でも複数の者でも住民訴訟を提起することができます。複数の者が住民訴訟を提起した場合は、「訴訟の目的が共同訴訟人の全員について合一にのみ確定すべき場合」として民事訴訟法第40条の共同訴訟の規定が適用されます。例えば、共同訴訟人の一人に対する相手方の訴訟行為は全員に対して効力を生ずるとか、共同訴訟人の一人の行為は全員の利益になる場合にだけ有効となります。

　住民訴訟は、行政事件訴訟法の民衆訴訟に当たりますから、住民訴訟の提起は、法律に定める場合において法律に定める者に限り提起することができます（行政事件訴訟法第42条）。民衆訴訟とは、自治体や国の機関の法規に適合しない行為の是正を求める訴訟で、選挙人たる資格その他自己の法律上の利益にかかわらない資格で提起するものをいいます（行政事件訴

訟法第5条)。
(2) 住民訴訟の被告となる者（被告適格）は、次の通りです。
① 1号請求（執行機関または職員に対する行為の差し止め請求）の場合は、執行機関（自治体の長・委員会など）または職員（執行機関の補助者として当該行為をなす権限を有する者）となります。
② 2号請求（行政処分たる当該行為の取消または無効確認の請求）の場合は、当該行為をした執行機関となります。
③ 3号請求（執行機関または職員に対する当該怠る事実の違法確認の請求）の場合は、その執行機関または職員（執行機関の補助者）となります。
④ 4号請求（職員または行為もしくは怠る事実に係る相手方に損害賠償または不当利得返還の請求をすることを当該自治体の執行機関または職員に対して求める請求）の場合は、その執行機関または職員（執行機関の補助者）となります。旧地方自治法の公務員個人を被告とする制度は平成14年の改悪で廃止されました。旧地方自治法で被告となった個人は現行法では請求の相手方とされました。
(3) 住民訴訟を管轄する裁判所は、その自治体（都道府県や市町村）の事務所（都道府県庁や市町村役場）の所在地を管轄する地方裁判所の専属管轄（特定の裁判所だけに認める管轄）とされています。
(4) 住民訴訟を提起することができる期間（出訴期間）は、次のようになります。
① 監査委員の監査結果または勧告に不服がある場合は、その監査結果または勧告の内容の通知があった日から30日以内
② 監査委員の勧告を受けた議会、長その他の執行機関または職員の措置に不服がある場合は、その措置に係る監査委員の通知があった日から30日以内
③ 監査委員が住民監査請求をした日から60日を経過しても監査または勧告を行わない場合は、60日を経過した日から30日以内
④ 監査委員の勧告を受けた議会、長その他の執行機関または職員が措置を講じない場合は、その勧告に示された期間を経過した日から30日以内

これらの出訴期間は不変期間（裁判所も変更できない期間）とされています。
(5) 住民訴訟がすでに裁判所に係属している場合には、その自治体の他の住

民（適法な住民監査請求を経た住民）は、別の訴えをもって同一の請求をすることはできません。別訴の提起を許すと裁判所の判断に不統一を生ずるおそれがあるからです。その場合には、民事訴訟法第52条に規定する共同訴訟参加をすることなります。共同訴訟参加とは、訴訟の目的が当事者の一方と第三者について一律に決められなければならない場合に、その第三者が共同訴訟人として訴訟に参加することをいいます。訴訟参加をするには「共同訴訟参加申出書」を裁判所に提出する必要があります。

(6) 住民訴訟を提起した者が勝訴（一部勝訴を含む）した場合において、弁護士または弁護士法人に報酬を支払うべきときは、自治体に対して報酬額の範囲内で相当と認められる額の支払いを請求することができます。

(7) 訴状の「請求の趣旨」は一般に次のようになります。

① 1号請求（公金支出の差し止め請求）の例

> 被告は、○市市議会の各会派に対して調査研究費を支給してはならない。

② 2号請求（行政財産の使用許可処分の無効確認請求・取消請求）の例

> 被告○市長が、Xに対し、別紙物件目録記載の建物についてなした平成○年○月○日付使用許可処分が無効であることを確認する。

> 被告○市長が、Xに対し、別紙物件目録記載の建物についてなした平成○年○月○日付使用許可処分を取り消す。

③ 3号請求（怠る事実の違法確認の請求）の例

> 被告○市長が、Yに対し、別紙物件目録記載の土地についてなされた所有権移転登記の抹消登記手続をせよとの請求をすることを怠ることは違法であることを確認する

④ 4号請求（本文の請求）の例

Q31——非公開処分の取消訴訟と住民訴訟で注意することは、どんなことですか

> 　被告は、Z（責任を有する職員等個人名）に対し、金〇億円及びこれに対する平成〇年〇月〇日から支払済みまで年5分の割合による金員を請求せよ。

4号請求（但し書の請求対象者が賠償命令の対象となる者である場合）の例

> 　被告は、Z（賠償命令の対象となる者）に対し、金〇億円及びこれに対する平成〇年〇月〇日から支払済みまで年5分の割合による金員の賠償の命令をせよ。

第 5 章●
公務員の個人責任の追及は、
　どうするのですか

Q32 公務員の犯罪に対する告発は、どのようにするのですか

1　公務員犯罪に対する告発

　告発とは、犯人と告訴権者以外の者が捜査機関（検察官と司法警察員）に対して犯罪事実を申告し犯人の処罰を求める意思表示をいいます。告発は、犯罪の被害者その他の告訴ができるとされている者（告訴権者）が捜査機関に申告する告訴とは異なり、だれでも犯罪があると思うときは、告発をすることができます（刑事訴訟法第239条第1項）。国家公務員や地方公務員は、その職務を行うことにより犯罪があると思うときは、告発をしなければならないとされています（刑事訴訟法第239条第2項）。つまり、公務員以外の者にとっては告発は権利に過ぎませんが、公務員がその職務を行うことにより犯罪があると思うときには告発の義務があるのです。公務員がこの義務に違反するときは、公務員法の法令遵守義務違反になります（告訴については本書の著者による『絶対に訴えてやる！』（緑風出版）133頁以降参照）。

2　公務員犯罪に対する告発の方法

　告発の方法は、書面または口頭で検察官または司法警察員（巡査部長以上の警察官）に対してする必要があります。口頭による告発を受けたときは、検察官または司法警察員は調書を作成することとされています（刑事訴訟法第241条）。しかし、実務上は、告発に際しては「告発状」という書面を捜査機関に提出します。告発状の宛て先（提出先）は①検察官へ提出する場合は〇〇地方検察庁検事正とし、②司法警察員へ提出する場合は〇〇警察署長あてとします。提出方法は郵送でも持参でもかまいませんが、持参した場合は、何かと理由を付けて受け取らない場合がありますから、書留郵便による郵送が無難です。公務員の犯罪の場合は、一般に検察官へ提出します。

3　公務員犯罪に対する告発状の書式

　告発状の書式は決まっていませんが、実務上は次のように作成します。告発状の作り方は本書第4章Q21の訴状の作り方と同様にA4サイズに横書き、

片面印刷とします。次の記載例は、県職員が「裏金」を形成していたときの告発状です。

告 発 状

平成〇年〇月〇日

〇〇地方検察庁検事正　殿

　　　　　　　　　告発人（住所）〇県〇市〇町〇丁目〇番〇号
　　　　　　　　　　　　（氏名）　　　〇〇〇〇　（印）
　　　　　　　　　　　　（電話）　000-000-0000

被告発人の表示　氏名不詳（平成〇年〇月当時の〇県〇課の本件公文書たる会計
　　　　　　　　書類の作成権限を有する公務員及び当該作成権限者を補助する
　　　　　　　　公務員）

第1　告発の趣旨
　上記の氏名不詳の被告発人には、下記第2の告発事実記載の通り、刑法第156条（虚偽有印公文書作成罪）及び刑法第158条（虚偽有印公文書行使罪）の各犯罪を犯したと疑うに足りる相当の事由があると思料するので、当該被告発人の厳重な処罰を求めるため告発をする。

第2　告発事実
　1　上記の氏名不詳の被告発人は、下記第3（立証方法）の1ないし4の証拠書類から明らかなように〇県庁消費生活協同組合から「羊毛掛敷布団セット、枕、敷布団カバー、掛布団カバー、枕カバー」を購入していないことを知りながら、これらの物を購入したかのように装って、その代金の名目で〇県から公金をほしいままに裏金として使用できるように〇県庁消費生活協同組合へ支払わせるために行使する目的で、職務に関して内容虚偽の公文書たる会計書類の「支出命令書」（立証方法1）を平成〇年〇月〇日付で作成して、当該内容虚偽の公文書を〇県出納局へ提出して行使したものである。
　2　立証方法第2の「所属内訳表」は、〇県がいわゆる裏金の形成過程を調査した結果を記載した公文書の写しであるが、本件所属内訳表は「水増し

や異なった品目・金額で支出しているもの」の一覧表であって、左側が公文書たる支出命令書から転記したもの、右側が県庁生協から実際に購入したものの請求書から転記したものである。本件所属内訳表の記載から上記被告発人は、県庁生協から「羊毛掛敷布団セット、枕、敷布団カバー、掛布団カバー、枕カバー」を購入していないのに購入したとする内容虚偽の公文書たる会計書類を作成し行使した事実を証明できるのである。

　3　立証方法3の「請求書」は、○県○課職員が○県庁消費生活協同組合から提出させた内容虚偽の請求書の写しである。本請求書には、「羊毛掛敷布団セット15組、枕15個、敷布団カバー15枚、掛布団カバー15枚、枕カバー15枚」を購入したという虚偽の事実が記載されているにもかかわらず、○県○課主査Aは「検収」に係る公文書の作成権限を有する公務員であることから、実際には「検収」していないことを知りながら、検収したとする虚偽の事実を記載し自己の記名押印をして内容虚偽の公文書を作成したのである。

　4　立証方法第4の「執行伺書」は、○県○課職員が○県庁消費生活協同組合から「羊毛掛敷布団セット、枕、敷布団カバー、掛布団カバー、枕カバー」を購入すると称した内容虚偽の執行伺いの内容を記載した公文書写しである。本件執行伺書には平成○年○月○日付の○課主査Aの「現品受領」の記載がなされ、○課Aの印が押印されているが、「現品受領」の事実はないのであるから、「現品受領」に係る公文書の作成権限を有する○課Aの本件公文書（現品受領・受領年月日の記載と押印のある公文書）の作成行為も刑法第156条の犯罪構成要件に該当するものである。

　5　以上の立証方法第1ないし4の証拠書類から明白なように上記の被告発人には上記告発事実記載の通り刑法第156条（虚偽公文書作成罪）及び刑法第158条（虚偽公文書行使罪）の各犯罪を犯したと疑うに足りる相当の事由があると思料するので、当該被告発人の厳重な処罰を求めるため告発をするものである。

第3　立証方法
　1　平成○年○月○日付「支出命令書」写し
　2　○県作成の「所属内訳表」写し
　3　平成○年○月○日付の検収印の押印された「請求書」写し
　4　平成○年○月○日付「現品受領」印の押印された「執行伺書」写し

```
第4　添付書類
　上記第3の立証方法の1ないし4の写し　　各1通
　以上
```

(1)　表題は「告発状」とします。2行目に提出日または作成日を記載します。
(2)　宛て先は、公務員の犯罪の場合は原則として検察官としますが、公務員の勤務場所を管轄する警察署長に提出することもできます。
(3)　告発人の表示として告発人の住所と氏名を記載して押印をします。告発事実についての説明を求められる場合がありますから、連絡先の電話番号も記載しておきます。
(4)　被告発人の表示として被告発人の住所と氏名を記載するのが望ましいのですが、犯人を特定できない場合は記載例のように氏名不詳と記載します。ただ、犯人に関する情報を分かる範囲で記載例のように詳細に記載します。
(5)　告発の趣旨には、結論部分として罪名や罰条を記載するとともに犯人の処罰を求める意思表示として「当該被告発人の厳重な処罰を求めるため告発をする」のように記載します。
(6)　告発事実には、その犯罪事実に関する次の事項のうち分かるものを詳細に記載します。

> ①　いつ（犯行の日時）
> ②　どこで（犯行の場所）
> ③　誰が（犯人は誰か）
> ④　何を、誰に対して（犯罪の対象や相手方）
> ⑤　どんな方法で（犯罪の方法や態様）
> ⑥　なぜ（犯罪の動機や原因）
> ⑦　どんな行為を（犯罪行為とその結果）
> ⑧　誰と（共犯者）

(7)　立証方法には、物的証拠（文書、物、場所）や人的証拠（目撃者その他の参考人）を具体的に記載します。書類は作成年月日・作成者・表題を分か

る範囲で記載します。目撃者その他の証言を得られる可能性のある者は、「参考人」としてその者の氏名・住所・電話番号を分かる範囲で記載します。
(8) 添付書類には必ず写しを添付します。原本を添付した場合にはその返還を求めるのが困難になります。
(9) 告発状の提出方法は、捜査機関が受け取らないなどのトラブルを回避するために郵送（書留郵便）にするのが無難です。
(10) 告訴状の書き方その他の文例は、本書の著者による『絶対に訴えてやる！』（緑風出版）参照。

4　告発状を捜査機関である司法警察員に提出した場合

　告発状を捜査機関である司法警察員（巡査部長以上の警察官）に提出した場合は、司法警察員は、速やかに、これに関する書類と証拠物を検察官に送付しなければならないとされています（刑事訴訟法第242条）。「速やかに」と規定されていますが、一応の捜査をすることまで禁止しているのではなく必要により逮捕や押収の強制処分もすることができます。告発を受けた事件は、検察官の指定した微罪事件（犯罪事実が極めて軽微で処罰を必要としないと明らかに認められる事件として検察官に送致する必要のない事件）の扱いをすることはできません（刑事訴訟法第246条）。この点が告発状と被害届との大きく異なる点であって、単なる被害届の場合は、後に述べる告発人に認められた刑事訴訟法上の権利を行使することはできません。

　実務上は、告発状を受領した司法警察員は必要な捜査を行いますから、告発人に告発内容についての説明を求められた場合には積極的に協力する必要があります。追加の証拠書類を取得した場合は、その写しを速やかに捜査機関へ提出します。検察官に送付された後にも告発人に告発内容の説明を求められる場合があります。

5　処分通知書

　検察官は、告発のあった事件について捜査を完了した後、公訴を提起し（起訴処分）、または公訴を提起しない処分（不起訴処分）をしたときは、速やかにその旨を告発人に対して通知する必要があります（刑事訴訟法第260条）。実務上は、告発人に対して次例のような「処分通知書」が送付されます。

```
                         処分通知書
                                           検務第○○○号
                                           平成○年○月○日
○○○○　殿

                                     ○○地方検察庁
                                     検察官検事　○○○○　（印）

　貴殿から平成○年○月○日付け虚偽公文書作成罪、虚偽公文書行使罪で告
発のあった次の被疑事件は、下記のとおり処分したので通知します。
                           記
1　被疑者　　①○○○○、②○○○○、③○○○○、④○○○○
2　罪名　　　虚偽有印公文書作成・同行使
3　事件番号　①平成○年検第1－0517号、②平成○年検第1－0518号
　　　　　　③平成○年検第1－0519号、④平成○年検第1－0520号
4　処分年月日　平成○年○月○日
5　処分区分　　不起訴
```

　検察官は、告発のあった事件について公訴を提起しない処分（不起訴処分）をした場合において、告発人の請求があるときは、速やかに告発人にその理由を告げなければならないとされています（刑事訴訟法第261条）。告発人の請求の方法は決まっていませんから、電話で請求することもできますが、次のような書面を提出する場合もあります。ただ、理由の告知といっても、実務上は、単に①起訴猶予、②証拠不十分、③罪とならず、④嫌疑なし、⑤嫌疑不十分、⑥心神喪失といった直接の理由しか通知されません。

```
                     不起訴処分理由告知請求書
                                           平成○年○月○日
○○地方検察庁
検察官検事　○○○○　殿
                               〒000-0000　○県○市○町○丁目○番○号
```

```
                              告発人    ○○○○ （印）
                                    （電話 000-000-0000）
平成○年○月○日付検務第○○○号「処分通知書」に係る不起訴処分理由の
告知の請求について

  標記について、下記の事件に係る処分通知書を受領したが、刑事訴訟法第
261条の規定により下記の通り不起訴処分理由の告知を請求する。
                     記
1  事件番号は、次の通り。
  ①  平成○年検第1－0517号、 ②  平成○年検第1－0518号
  ③  平成○年検第1－0519号、 ④  平成○年検第1－0520号
  （いずれも、処分年月日は、平成○年○月○日）
2  上記各被疑事件の不起訴処分理由の告知を請求するが、できる限り詳細
  な理由を告知されたい。
  以上
```

　検察官の「処分通知書」に対して不起訴処分理由の告知の請求をした場合には、検察官から次例のような「不起訴処分理由告知書」が送付されます。

```
                 不起訴処分理由告知書
                              刑第○○○号
                              平成○年○月○日
○○○○ 殿
                         ○○地方検察庁
                          検察官検事  ○○○○ （印）
  貴殿の請求により下記のとおり告知します。
                     記
  貴殿から平成○年○月○日告発のあった①○○○○、②○○○○、③○○
○○、④○○○○に対する虚偽有印公文書作成・同行使被疑事件の不起訴処
分の理由は、次のとおりです。
```

Q 32 ──公務員の犯罪に対する告発は、どのようにするのですか

> （不起訴処分の理由）
> いずれも起訴猶予
> 　　事件番号　　①平成〇年検第 1 － 0517 号、②平成〇年検第 1 － 0518 号
> 　　　　　　　　③平成〇年検第 1 － 0519 号、④平成〇年検第 1 － 0520 号

　上の記載例の「起訴猶予」とは、犯罪は成立し有罪判決が得られるだけの証拠が揃っていても、犯人の性格、年齢、境遇、犯罪の軽重、情状、犯罪後の状況を考慮して訴追の必要がないことを理由として検察官が不起訴処分にすることをいいます（刑事訴訟法第248条）。このような日本法の制度のことを起訴裁量主義とか起訴便宜主義といいます。これに対して、検察官の裁量を否定して犯罪が成立する場合には必ず起訴をする必要がある制度を起訴法定主義といいます。日本法の検察官は、起訴をするか不起訴にするかの広範な裁量権を有していますから、この権限の濫用や逸脱がある場合は重大な人権侵害が発生し刑事司法は機能しなくなります。

　検察官が誤った罪名で起訴をして有罪判決または無罪判決が確定した場合には、その誤りを正す方法はありません。例えば、傷害罪で告発したのに検察官が誤って暴行罪で起訴をして有罪判決が確定した場合は、告発人にこれを正す方法はありません。これを「一事不再理の原則」といいます。憲法第39条も「何人も、（中略）既に無罪とされた行為については、刑事上の責任を問われない。また、同一の犯罪について、重ねて刑事上の責任を問われない」と規定しており、ローマ法以来の刑事訴訟法の基本原則とされています。

Q33
告発に対して不起訴処分とされた場合は、どのようにするのですか

1 告発に対する検察官の不起訴処分に不服がある場合

　告発に対する検察官の不起訴処分に不服がある場合は、告発人（告発をした者）は、その検察官の属する検察庁の所在地を管轄する「検察審査会」に対して、その不起訴処分の当否の審査を申し立てることができます（検察審査会法第30条）。検察審査会への審査の申立費用は無料です。

　検察審査会の制度とは、検察官が起訴または不起訴とする権限を独占しているのに対して、その権限の濫用を防止する制度をいいます。ただ、検察審査会で不起訴処分が不当と議決されても、検察官は検察審査会の議決に拘束されないので、これでは、告発人に対する単なる「ガス抜き」に過ぎないという批判があります。検察審査会は、全国の地方裁判所やその支部所在地に置かれています。検察審査会の構成員は、衆議院議員選挙の選挙人名簿の中からクジで選ばれた11人の検察審査員で構成されており、11人全員が出席して不起訴処分の当否を審査することとされています（検察審査会法第4条）。

　検察審査会の議事は、過半数で決することとされていますが、起訴を相当とする議決をするには8人以上の多数によることが必要です（検察審査会法第27条）。審査の結果は、①不起訴相当、②不起訴不当、③起訴相当に分かれます。①は不起訴が妥当と判断した場合、②は不起訴は不当であるから改めて捜査をすべきであるとした場合です。③は積極的に起訴が相当であると判断した場合です。③は8人以上の多数による議決が必要ですが、①と②は過半数の議決によります。

　検察審査会が①不起訴相当、②不起訴不当、③起訴相当のいずれかの議決をしたときは、理由を付した議決書を作成しその謄本（全部の写し）を不起訴処分をした検察官を指揮監督する検事正と検察官適格審査会に送付し、議決後7日間、検察審査会事務局の掲示場に議決の要旨を掲示するとともに、告発人に対しても議決の要旨を通知する必要があります（検察審査会法第40条）。

　不起訴処分の当否についての議決があった場合は、同一事件について更に審査の申立はできません（検察審査会法第32条）。議決に対する不服申立はでき

ないのです。

2 検察審査会に提出する「審査申立書」の書き方

　検察審査会に提出する「審査申立書」の書き方は決まっていませんが、各地の裁判所庁舎内にある検察審査会事務局で簡易な記入用紙を作成していますから、その用紙に記入するか、次の記載例のように作成して郵送または持参により提出します。

審査申立書

平成○年○月○日

○○検察審査会　御中

　　　　　　　　　　申立人　(住所)　○県○市○町○丁目○番○号
　　　　　　　　　　　　　　(氏名)　○○○○　(印)
　　　　　　　　　　　　　　(資格)　告発人
　　　　　　　　　　　　　　(職業)　農業　　(年齢)　65歳
　　　　　　　　　　　　　　(電話)　000-000-0000

検察審査会法第30条の規定に基づき下記の通り審査の申立をする。

記

第1　罪名
　1　虚偽公文書作成罪（刑法第156条）
　2　虚偽公文書行使罪（刑法第158条）
第2　不起訴処分年月日
　平成○年○月○日（処分通知書は、同日付検務第○○○号）
第3　不起訴処分をした検察官
　○○地方検察庁　検察官検事　　○○○○
第4　被疑者
　1　○○○○（○県職員。住居・年齢は不詳）
　2　○○○○（○県職員。住居・年齢は不詳）
　3　○○○○（○県職員。住居・年齢は不詳）
　4　○○○○（○県職員。住居・年齢は不詳）
第5　被疑事実の要旨

（中略）（本章 Q 32 の告発状のような告発事実の要旨を記載する）
第 6　不起訴処分を不当とする理由
　　（中略）（理由は、なるべく箇条書にして詳しく記載する）
第 7　備考（参考事情）
　　（中略）（参考となる事情がある場合は詳しく記載する）

① 　表題は、審査申立書とします。A4 サイズの用紙に横書き・片面印刷とします。
② 　2 行目の日付は提出日または作成日とします。
③ 　宛て先は、申立人（告発人）の住所地の検察審査会とします。
④ 　罪名は、検察官作成の「処分通知書」の通りに記載します。
⑤ 　不起訴処分年月日は「処分通知書」の作成年月日とします。
⑥ 　不起訴処分をした検察官は「処分通知書」の通りに記載します。
⑦ 　被疑者は「処分通知書」の通りに記載します。
⑧ 　被疑事実の要旨は、告発状の告発事実の要旨（要点）を記載します。検察審査員は法律の専門家ではないので、やさしく分かりやすく記載します。
⑨ 　不起訴処分を不当とする理由は、もっとも重要な箇所ですから、やさしく分かりやすく詳しく記載します。検察審査員を説得することのできる理由が必要です。
⑩ 　備考として参考となる事情がある場合に記載します。
⑪ 　証拠書類がある場合は、備考欄に書面の表題を記載して書面のコピーを添付します。目撃者のような証言のできる者がいる場合は、備考欄にその証人（参考人）の氏名・住所・電話番号・事件との関係を記載します。
⑫ 　提出通数は 1 通です。審査申立に費用は不要です。
⑬ 　提出期限の定めはなく、その犯罪の公訴時効（一定期間の経過により起訴ができなくなる制度）が完成するまでは、いつでも審査の申立ができます。
⑭ 　検察審査会が審査申立書を受理したときは、審査申立人に対して事件番号などを記載した「審査申立受理通知書」を郵送してきます。審査申立書を提出した後に証拠書類を発見した場合は、速やかに検察審査会あ

てに提出しますが、その場合には、通知された事件番号も明記しておきます。新たな目撃者を発見した場合も同様にします。審査申立書の提出後に追加の意見書や資料を提出することもできます。

3　不服申立事件処理結果通知書

　検察官の不起訴処分に対しては行政不服審査法による不服申立はできないとされていますが（行政不服審査法第4条第1項第6号）、実務上は、不起訴処分に不服のある者は、その検察官の所属する地方検察庁の上級検察庁である高等検察庁の長（検事長）に対して不服申立をして監督権限の発動を促すと、上級検察庁では不起訴処分の当否を再考して、不服申立人に対してその結果を「不服申立事件処理結果通知書」により通知することとしています。この不服申立についての法律上の具体的な明文の根拠はありませんが、請願の一種と解されます。請願とは、国や自治体の機関に対して希望を述べることをいいますが、憲法上の権利とされています。憲法第16条は「何人も、損害の救済、公務員の罷免、法律、命令または規則の制定、廃止または改正その他の事項に関し、平穏に請願する権利を有し、何人も、かかる請願をしたために、いかなる差別待遇も受けない」と規定しています。憲法第16条の規定を受けて「請願法」が制定されています。

　上級検察庁の長は、不服申立について審査をした結果、起訴をすべき理由が認められる場合には、下級検察庁の長に対して起訴をすべき旨の指揮をします。検察官の職務の遂行は検事総長を頂点とする組織的統一の下で行われますから、検察官は独任制の官庁としての権限を有しているものの、その権限の行使については上級者の指揮監督に従う義務があるのです。このことを検察官同一体の原則といいます。

　不服申立に理由がないと判断された場合は、次例のような通知書が送付されます。

　　　　　　　　　　不服申立事件処理結果通知書
　　　　　　　　　　　　　　　　　　　〇〇高検務第〇〇〇〇号
　　　　　　　　　　　　　　　　　　　平成〇年〇月〇日
〇〇〇〇　殿

○○高等検察庁
検察官検事　（印）

　貴殿から平成○年○月○日付けで不服申立のあった次の被疑事件は、下記のとおり処分したので通知します。

被疑者　　○○○○
罪名　　　廃棄物の処理及び清掃に関する法律違反
事件番号　平成16年（不）第○○○号
処理結果　処理年月日　平成○年○月○日
　　　　　裁定主文　　不服申立ては理由がない
　　　　　理由要旨　　○○地方検察庁検察官の不起訴処分（起訴猶予）の
　　　　　　　　　　　裁定は相当である。

4　付審判請求

　不起訴処分がなされた場合でも、次のような公務員の職権濫用に関する罪について告発をした者は、裁判所にその事件を審判に付することを請求することができます（刑事訴訟法第262条）。このことを付審判請求といいます。

　① 公務員職権濫用罪（公務員が、その職権を濫用して、人に義務のないことを行わせ、または権利の行使を妨害した罪。刑法第193条）
　② 特別公務員職権濫用罪（裁判、検察もしくは警察の職務を行う者またはこれらの職務を補助する者が、その職権を濫用して、人を逮捕しまたは監禁した罪。刑法第194条）
　③ 特別公務員暴行陵虐罪（裁判、検察もしくは警察の職務を行う者またはこれらの職務を補助する者が、その職務を行うに当たり、被告人、被疑者その他の者に対して暴行または凌辱もしくは加虐の行為をした罪。法令により拘禁された者を看守しまたは護送する者が、その拘禁された者に対して暴行または凌辱もしくは加虐の行為をした罪。刑法第195条）
　④ 特別公務員職権濫用等致死傷罪（上の②③の罪を犯し、よって人を死傷させた罪。刑法第196条）
　　　その他に公安調査官職権濫用罪（破壊活動防止法第45条）などがあり、全部で6種類の犯罪が付審判請求の対象となります。
　　　付審判請求は、不起訴処分の通知を受けた日から7日以内に「付審判

請求書」を不起訴処分をした検察官に差し出してしなければならないとされています（刑事訴訟法第262条第2項）。付審判請求と検察審査会への審査申立とは無関係ですから、両制度を並行して利用することができます。

5 「付審判請求書」の作り方

「付審判請求書」の作り方は決まっていませんが、第4章Q21に述べた訴状の作り方と同様にA4サイズの用紙に横書き・片面印刷とします。各頁の綴り目には契印（割印）をします。付審判請求書には、裁判所の審判に付せられるべき事件の犯罪事実と証拠を記載する必要があります（刑事訴訟規則第169条）。記載例は次の通りです。

事件名　公務員職権濫用被疑事件

付審判請求書

平成○年○月○日

○○地方裁判所　御中

付審判請求申立人　〒000-0000　○県○市○町○丁目○番○号

○○○○　（印）

（職業　農業、昭和○年○月○日生）

第1　付審判請求の趣旨

　申立人は、平成○年○月○日に被疑者○○○○（○県職員）を公務員職権濫用罪（刑法第193条）で告発したところ、平成○年○月○日に○○地方検察庁検察官検事○○○○から公訴を提起しない旨の通知を受けたが、この不起訴処分に不服があるので、刑事訴訟法第262条の規定により、事件を審判に付することを請求する。

第2　申立の理由（審判に付する犯罪事実）

　1　（中略）（公務員の犯罪事実を告発状の犯罪事実に準じて記載する）

　　　（中略）

　8　以上の通り、被疑者○○○○の犯罪事実は明らかであり、かつ、犯情に照らして起訴相当であるので、上記第1の付審判請求の趣旨記載の通

りの裁判を求める。

第3　証拠
　1　告発状控え
　2　○○○○作成の陳述書
　3　参考人（目撃者）　〒000-0000　○県○市○町○丁目○番○号　○○○○

第4　添付書類
　第3の証拠の1及び2の写し　　　各1通
　以上

　付審判請求書が不起訴処分をした検察官に提出されたときは、検察官は、付審判請求を理由があると認めるときは公訴を提起する必要がありますが、理由がないと判断したときは付審判請求書を裁判所へ送付します。

　裁判所は、付審判請求を受けたときに①請求に理由がないと判断したときは請求を却下しますが、②請求に理由があると判断したときは事件を管轄地方裁判所の審判に付します（刑事訴訟法第266条）。

　裁判所の審判に付された場合には、裁判所は、その事件について公判の維持にあたる者を弁護士の中から指定する必要があります。裁判所から指定を受けた弁護士は、事件について公判を維持するため、裁判の確定に至るまで検察官の職務を行います。

Q34 公務員が刑事責任を負う場合には、どんな場合がありますか

1　公務員の刑事責任の追及

　今までに多年にわたり公務員のカラ出張、カラ接待、カラ雇用、カラ会議、「裏金」形成、官官接待などの不正な公金支出の実態が多数報道されてきていますが、次々と新しい手口の公金不正支出が発覚しています。これらの公金の不正支出が「犯罪」であることは言うまでもありませんが、これらの公務員の犯罪をなくすためには、住民の刑事告発によって公務員の刑事責任・個人責任を追及して行く必要があります。本章Ｑ32で説明した告発状を作成するためにも、以下に述べるような公務員による各犯罪の内容を知っておく必要があります。

2　犯罪とは

　犯罪とは、その行為が①犯罪構成要件（刑法その他の刑罰法規に規定された犯罪行為の類型）に該当し、②違法な行為であり、かつ③有責な（責任がある）行為をいいます。犯罪が成立するには、この３つの要件を満たす必要がありますが、実際には、公務員の犯罪については、①の犯罪構成要件に該当するか否かだけを検討すればよいのです。

> ①　その行為が、犯罪構成要件に該当すること
> ②　その行為が、違法性（刑罰法規に違反すること）を有すること
> ③　その行為者に責任が認められること

(1)　犯罪構成要件とは、刑法のような刑罰法規に規定された犯罪の類型（例えば、内容虚偽の公文書を作成する、公文書を偽造する）をいいます。

(2)　違法性とは、その行為が刑罰法規に違反することをいいます。犯罪構成要件に該当する行為は、一般に違法性を帯びますが、例外的に正当防衛のように行為が犯罪構成要件に該当していても違法性が排除（阻却(そきゃく)）される場合があります。

(3)　責任とは、犯罪構成要件に該当する違法な行為を行ったことについて、

その行為者を非難することできることをいいます。刑法は、14歳未満の者の行為や心神喪失者の行為は罰しないとしています。

3 共犯

犯罪行為は1人で行う場合のほか、複数の者が共同して行う場合があります。2人以上の者が共同して犯罪を実行する場合を「共犯」といいます。共犯には、①共同正犯、②教唆犯、③従犯（幇助犯）とがあります。

(1) 共同正犯とは、2人以上が共同して犯罪を実行した者をいいます（刑法第60条）。

(2) 教唆犯とは、他人を教唆して（そそのかして）犯罪を実行させた者をいいます（刑法第61条）。教唆犯は、正犯（自ら実行行為をした者）の法定刑（刑罰法規に規定されている刑）の範囲内で処罰されます。教唆犯を教唆した者も同様になります。

(3) 従犯（幇助犯）とは、正犯を幇助（助けること）した者をいいます（刑法第62条第1項）。従犯を教唆した者は、従犯の法定刑の範囲内で処罰されます（刑法第62条第2項）。従犯の刑は、正犯の法定刑に対して減軽（軽くすること）されます（刑法第63条）。

刑罰法規では犯罪の構成要件が完全に実現された場合（犯罪が既遂に至った場合）に処罰するのが原則ですから、未遂を処罰する場合は、刑罰法規に未遂を処罰する規定がある場合に限られます。未遂とは、犯罪の実行に着手したが、これを遂げない場合（結果が不発生に終わり犯罪が完成しなかった場合）をいいます。

4 虚偽公文書作成罪の犯罪構成要件

虚偽公文書作成罪（刑法第156条）の犯罪構成要件は次の通りです。

(1) 公務員が、その職務に関し、行使の目的で、虚偽の文書や図画を作成しまたは変造した場合は、印章や署名の有無により区別して、有印公文書の場合は1年以上10年以下の懲役、無印公文書の場合は3年以下の懲役または20万円以下の罰金に処することとされています。

(2) この場合の公務員は、その公文書を作成する権限を有する公務員に限られます。このように行為者が一定の身分（この場合は公務員の身分）を有することを必要とする犯罪を身分犯といいます。作成権限のない公務員が虚

偽の公文書を作成した場合は公文書偽造罪（刑法第155条）にあたります。公文書とは、公務員または公務所（公務員の職務を行う所）が、その名義をもって、その権限内で作成すべき文書をいいます。文書の作成権限の根拠は、法令の規定であると、内規や慣例であるとを問わないとされています。

5 虚偽公文書行使罪の犯罪構成要件

虚偽公文書行使罪（刑法第158条）の犯罪構成要件は次の通りです。
(1) 虚偽公文書作成罪（刑法第156条）や公文書偽造罪（刑法第155条）の犯罪構成要件に該当する行為により作成した虚偽ないし偽造の公文書や図画を行使した場合は、虚偽公文書作成罪や公文書偽造罪と同一の法定刑に処することとされています。
(2) 「行使」とは、内容虚偽の公文書を内容が真実のものとして相手方に内容を認識させ、または認識しうる状態に置くことをいいます。例えば、虚偽公文書を会計担当部課へ提出するような場合です。

6 公文書偽造罪の犯罪構成要件

公文書偽造罪（刑法第155条）の犯罪構成要件は次の通りです。
(1) 行使の目的で、①公務所・公務員の印章・署名を使用して公務所・公務員の作成すべき文書・図画を偽造し、または、②偽造した公務所・公務員の印章・署名を使用して公務所・公務員の作成すべき文書・図画を偽造した者は、1年以上10年以下の懲役に処することとしています（有印公文書偽造罪）。
(2) 公務所・公務員が押印しまたは署名した文書・図画を変造した者も(1)と同様とされています（有印公文書変造罪）。
(3) 上の(1)と(2)以外の①公務所・公務員の作成すべき文書・図画を偽造し、または、②公務所・公務員が作成した文書・図画を変造した者は、3年以下の懲役または20万円以下の罰金に処することとしています（無印公文書偽造・変造罪）。

7 詐欺罪の犯罪構成要件

詐欺罪（刑法第246条）の犯罪構成要件は次の通りです。
(1) 人を欺いて財物を交付させた者は、10年以下の懲役に処することとし

ています。人を欺いて財産上不法の利益を得、または他人に財産上不法の利益を得させた者も10年以下の懲役に処することとしています。

(2) 「人を欺いて」とは、他人を錯誤に陥らせることをいいます。その手段や方法には制限はありません。カラ出張やカラ雇用は自治体を欺いて公金を交付させますから、一般に詐欺罪にあたります。偽造公文書を行使して詐欺を犯したときは、偽造公文書行使罪と詐欺罪との牽連犯（犯罪の手段または結果である行為が他の罪名に触れる場合）として最も重い刑により処断されます（刑法第54条）。

8 業務上横領罪の犯罪構成要件

業務上横領罪（刑法第253条）の犯罪構成要件は次の通りです。

(1) 業務上自己の占有する他人の物を横領した者は、10年以下の懲役に処することとしています。

(2) 横領とは、他人の所有する物を不法に領得（横取り）することをいいます。この場合の業務とは、社会生活上の地位にもとづいて反復・継続して行う事務をいいます。業務上横領罪は、多数者との間の信頼を破るものですから、単純横領罪（自己の占有する他人の物を横領する罪）と比べて法定刑が重くなっています。例えば、○県A課の「裏金」を管理していたBが横領するような場合や中止となった出張の旅費を返還しないような場合です。

9 私文書偽造罪の犯罪構成要件

私文書偽造罪（刑法第159条）の犯罪構成要件は次の通りです。

(1) 行使の目的で、①他人の印章や署名を使用して権利・義務・事実証明に関する文書や図画を偽造し、または、②偽造した他人の印章や署名を使用して権利・義務・事実証明に関する文書や図画を偽造した者は、3カ月以上5年以下の懲役に処することとしています（有印私文書偽造罪）。

(2) 他人の押印または署名をした権利・義務・事実証明に関する文書や図画を変造した者も3カ月以上5年以下の懲役に処することとしています（有印私文書変造罪）。

(3) 以上のほか、権利・義務・事実証明に関する文書や図画を偽造または変造した者は、1年以下の懲役または10万円以下の罰金に処することとしています（無印私文書偽造・変造罪）。

(4) 私文書とは、公文書以外の文書をいいますが、本罪は他人の権利、義務または事実証明に関する文書と図画を対象としています。例えば、領収書や契約書があります。他人名義の領収書や契約書を偽造・変造した場合が犯罪となりますが、作成権限を有する者（私文書の作成名義人）が内容虚偽の私文書を作成した場合（私文書の無形偽造）は、医師が公務所に提出すべき診断書・検案書・死亡証書に虚偽の記載をした場合を除いて処罰されないこととされています。

10　背任罪の犯罪構成要件

背任罪（刑法第247条）の犯罪構成要件は次の通りです。

(1)　他人のためにその事務を処理する者が、自己もしくは第三者の利益を図りまたは本人に損害を加える目的で、その任務に背く行為をし、本人に財産上の損害を加えた場合は、5年以下の懲役または50万円以下の罰金に処することとしています。

(2)　この場合の「本人」とは、行為者に事務を処理させる者をいい、公務員の公務の場合は自治体や国が本人となります。本罪が成立する場合には、例えば、市町村長が保管する公金を正規の手続をとらずに第三者に不当に貸し付けた場合、市町村長が給与所得者に対する住民税の所得割の賦課徴収に際し条例の規定に違反して過少な賦課徴収をした場合、自治体の長が必要のないことを知りながら漁業者に対して漁業補償金を支出したような場合があります。

11　窃盗罪の犯罪構成要件

窃盗罪（刑法第235条）の犯罪構成要件は次の通りです。

(1)　他人の財物を窃取した者は、窃盗の罪として10年以下の懲役に処することとしています。

(2)　「他人の財物」とは、他人の占有する他人の財物（保護に値する物）をいいますが、自己の財物であっても他人が占有または公務所の命令によって他人が看守（管理し支配すること）するものは他人の財物とみなされます（刑法第242条）。公務に使用する備品のうち特にカメラ、レンズその他の移動させて使用する備品に盗難が多いので備品台帳と現物の監視が必要です。

12　収賄罪の犯罪構成要件

収賄罪（刑法第197条）の犯罪構成要件は次の通りです。

(1)　公務員が、その職務に関し、賄賂を収受し、またはその要求もしくは約束をした場合は、5年以下の懲役に処することとしています（単純収賄罪）。その職務に関して請託（何らかの依頼）を受けた場合は、7年以下の懲役に処することとしています（受託収賄罪）。

(2)　賄賂とは、公務員の職務に関する不法な報酬としての利益をいいますが、この利益は、およそ人の欲望を満たすに足りる一切のものを含むと解されており、金品のほかにも飲食物の提供、接待、異性間の情交、就職の斡旋なども賄賂とされています。例えば、都道府県の土木部の幹部が金品の提供を受けて公共工事の入札予定価格を工事業者に漏洩したケースがあります。

Q35 公務員の懲戒処分は、どのように求めるのですか

1 公務員の懲戒処分とは

　公務員の懲戒処分とは、公務員の勤務関係の規律や秩序を維持するために、任命権者（自治体の長、教育委員会その他の行政委員会、都道府県警察本部長、代表監査委員その他）が公務員の義務違反に対してその責任を追及して行う不利益処分をいいます。

　懲戒処分の種類としては、軽いものから、①戒告、②減給、③停職、④免職の4種類があります（地方公務員法第29条第1項）。国家公務員法第82条にも同様の規定がありますが、以下には地方公務員法について述べることとします。

(1)　戒告とは、公務員の規律違反を確認し、その将来を戒める処分をいいます。
(2)　減給とは、一定期間、給与の一定割合を減額して支給する処分をいいます。
(3)　停職とは、公務員を職務に従事させない処分をいいます。この場合には給料を支給することはできません。
(4)　免職とは、その公務員を排除する処分をいいます。

　以上の4種類の懲戒処分を行うかどうか、いずれの懲戒処分を行うかは、その裁量の範囲を逸脱しない限り任命権者の自由裁量であると解されています。自由裁量とは、行政庁（自治体や国のために意思決定を行う権限を有する知事・市町村長その他の行政機関）の行為について自由な判断にまかせることをいいます。自由裁量では判断を誤っても原則として不当の問題が生ずるに過ぎず訴訟の対象とならないとされています。しかし、裁量権の濫用にあたる場合は違法とされ訴訟の対象となります（行政事件訴訟法第30条）。

2 懲戒の事由

　懲戒の事由として、次の3つが規定されていますが、結局は、法令違反ということにつきます（地方公務員法第29条第1項）。

> ①　この法律（地方公務員法）もしくは公立学校教職員の特例を定めた法律またはこれにもとづく条例、地方公共団体の規則もしくは地方公共団

> 　体の機関の定める規程に違反した場合
> ②　職務上の義務に違反し、または職務を怠った場合
> ③　全体の奉仕者たるにふさわしくない非行のあった場合

(1) 法令違反（地方公務員法第29条第1項第1号）

　地方公務員法第32条は、「職員は、その職務を遂行するに当たって、法令、条例、地方公共団体の規則および地方公共団体の機関の定める規程に従い、かつ、上司の職務上の命令に忠実に従わなければならない」と規定されていますから、同法第29条第1項第2号（義務違反）も同法第29条第1項第3号（非行）も、結局は、法令違反ということになります。

(2) 職務上の義務に違反し、または職務を怠った場合（地方公務員法第29条第1項2号）

　職務上の義務は、法令または職務上の命令によって課されるものですから、職務上の義務違反は前述の地方公務員法第32条違反となります。地方公務員法第30条は、「すべて職員は、全体の奉仕者として公共の利益のために勤務し、かつ、職務の遂行に当たっては全力を挙げてこれに専念しなければならない」と規定されていますから、この規定にも違反することになります。

(3) 全体の奉仕者たるにふさわしくない非行のあった場合

　前述した通り、地方公務員法第30条は、「すべて職員は、全体の奉仕者として公共の利益のために勤務し」と規定していますから、この場合も法令違反に該当します。地方公務員法第30条の規定は公務員の服務の根本基準とされていますが、憲法第15条第2項の「すべて公務員は、全体の奉仕者であって一部の奉仕者ではない」の規定に由来しています。

3　公務員が懲戒の事由に該当する場合

　公務員が懲戒の事由に該当する場合に、国民がその懲戒処分を求める具体的な法律制度はありませんが、請願法（詳細は第6章のQ39）にもとづいて具体的な法令違反の事実を指摘して任命権者（自治体の長その他）に対して懲戒処分を求めることになります。憲法第15条第1項では、「公務員を選定し、およびこれを罷免することは、国民固有の権利である」と規定していますが、公務員を国民が直接選定する場合は国会議員、自治体の長や議員などに限られてお

り、罷免についても自治体の長や教育委員会委員などに限定されていますから、憲法の趣旨は公務員のすべてが国民によって直接選定罷免されることは意味せず、あらゆる公務員の終局的任免権が国民にあるという国民主権の原理を表明したものであると解されています。

　公務員の服務義務の違反を理由に懲戒処分を求める場合の参照条文は次の通りです。

(1)　地方公務員法第30条（服務の根本基準）
　　「すべて職員は、全体の奉仕者として公共の利益のために勤務し、かつ、職務の遂行に当たっては、全力を挙げてこれに専念しなければならない」

(2)　地方公務員法第32条（法令、条例、規則、規程および上司の命令に従う義務）
　　「職員は、その職務を遂行するに当たって、法令、条例、地方公共団体の規則および地方公共団体の機関の定める規程に従い、かつ、上司の職務上の命令に忠実に従わなければならない」

(3)　地方公務員法第33条（信用失墜行為の禁止）
　　「職員は、その職の信用を傷つけ、または職員の職全体の不名誉となるような行為をしてはならない」

(4)　地方公務員法第34条（秘密を守る義務）
　　「職員は、職務上知り得た秘密を漏らしてはならない。その職を退いた後も、また、同様とする」

(5)　地方公務員法第35条（職務に専念する義務）
　　「職員は、法律または条例に特別の定めがある場合を除くほか、その勤務時間および職務上の注意力のすべてをその職務遂行のために用い、当該地方公共団体がなすべき責を有する職務にのみ従事しなければならない」

(6)　地方公務員法第36条（政治的行為の制限）
　　「職員は、政党その他の政治的団体の結成に関与し、もしくはこれらの団体の役員となってはならず、またはこれらの団体の構成員となるように、もしくはならないように勧誘運動をしてはならない（以下省略）」

(7)　地方公務員法第37条（争議行為などの禁止）
　　「職員は、地方公共団体の機関が代表する使用者としての住民に対して、同盟罷業、怠業その他の争議行為をし、または地方公共団体の機関の活動能率を低下させる怠業的行為をしてはならない。また、何人も、このような違法な行為を企て、またはその遂行を共謀し、そそのかし、もしくはあ

おってはならない（以下省略）」
(8) 地方公務員法第38条（営利企業などの従事制限）
　「職員は、任命権者の許可を受けなければ、営利を目的とする私企業を営むことを目的とする会社その他の団体の役員その他人事委員会規則で定める地位を兼ね、もしくは自ら営利を目的とする私企業を営み、または報酬を得ていかなる事業もしくは事務にも従事してはならない（以下省略）」

Q36 虚偽告発の罪とは、どういうものですか

1　虚偽告発の罪

　本章Q32に述べた告発をする場合には、虚偽告発の罪（刑法第172条）に注意する必要があります。虚偽告発の罪とは、他人に刑事または懲戒の処分を受けさせる目的で、虚偽の告発・告訴その他の申告をする罪をいいます。

　刑法第172条は、「人に刑事または懲戒の処分を受けさせる目的で、虚偽の告訴、告発その他の申告をした者は、3カ月以上10年以下の懲役に処する」としています。更に、刑法第173条は、「前条（第172条）の罪を犯した者が、その申告をした事件について、その裁判が確定する前または懲戒処分が行われる前に自白したときは、その刑を減軽し、または免除することができる」としています。

　この場合の「虚偽」とは、客観的真実に反することをいいます。申告者が、その事実を虚偽であることを知りつつ申告する場合に成立します（故意犯）。客観的に真実である事実を虚偽であると誤信して申告しても国家の審判作用を害することにならないので、本罪は成立しません。偽証罪にいう「虚偽」が証人の記憶に反することとされているのとは異なりますが、偽証罪では証人の記憶に反する供述自体が国家の審判作用を誤らせる危険を含むからです。

2　虚偽の申告

　虚偽の申告は他人に刑事または懲戒の処分を受けさせる目的があり、その内容は刑事または懲戒の処分の原因となりうる事実を内容としていることが必要です。申告者が、申告する事実が虚偽であることを確定的なものとして認識している場合に限られます。申告は捜査機関や懲戒権者に対して自発的になされることが必要です。他人に処分を受けさせる場合に限られますから、自分に対する申告の場合は本罪は成立しません。

　「刑事の処分」とは、各種の刑罰や少年に対する保護処分などをいいます。「懲戒の処分」とは、公法上の監督関係にもとづいて科せられる制裁で、公務員の懲戒処分のほか、公証人、公認会計士、弁護士などに対する懲戒処分も含まれます。

Q37 国家賠償法で公務員の個人責任の追及はできますか

1 国家賠償法とは

　国家賠償法とは、憲法第 17 条の「何人も、公務員の不法行為により損害を受けたときは、法律の定めるところにより、国または公共団体に、その賠償を求めることができる」とする規定を受けて、自治体や国の公務員の不法行為（故意または過失により他人の権利を侵害する行為）による損害賠償責任などを規定した昭和 22 年に成立した全 6 条の法律をいいます。

　国家賠償法第 1 条は、公務員の不法行為（違法行為）があった場合の損害賠償責任について次のように規定しています。

> 国家賠償法第 1 条
> ① 国または公共団体の公権力の行使に当たる公務員が、その職務を行うについて、故意または過失によって違法に他人に損害を加えたときは、国または公共団体が、これを賠償する責に任ずる。
> ② 前項の場合において、公務員に故意または重大な過失があったときは、国または公共団体は、その公務員に対して求償権を有する。

(1) 国とは日本国をいい、公共団体とは地方公共団体としての①普通地方公共団体の都道府県と市町村、②特別地方公共団体の特別区、地方公共団体の組合、財産区、地方開発事業団（地方自治法第 1 条の 3）などをいいます。自治体のほかにも法律により公権力の行使を認められた法人があります。これらが責任を負う主体となります。

(2) 公権力の行使とは、国や公共団体の公務員の統治権にもとづく権力の行使をいいます。公務員の行為であっても、公権力の行使に当たらないものについては、国家賠償法の適用はなく、民法第 709 条以下の不法行為の規定によって公務員個人やその使用者（国や自治体）に損害賠償を求めることになります。従って、公権力の行使に当たるか否かは、国家賠償法と民法第 709 条以下の不法行為の規定の適用領域を区別する基準となります。

(3) 「職務を行うについて」とは、加害行為が職務行為自体である場合のほか、職務遂行の手段としてなされた行為や職務の内容と密接に関連し職務行為に付随してなされた行為をいいます。客観的に職務行為の外観があれば足り、加害公務員の主観的な意図は問わないと解されています。この考え方を外形標準説といいます。

(4) 「故意または過失によって違法に他人に損害を加えたとき」とは、民法第709条の一般の不法行為の要件と同様の要件と考えられています。民法第709条（平成16年改正法）は、「故意または過失によって、他人の権利または法律上保護される利益を侵害した者は、これによって生じた損害を賠償する責任を負う」と規定されています。民法第709条に規定する一般の不法行為の要件は次のようになっています。

① 故意または過失によって損害が発生したこと
② 加害行為が違法であること
③ 加害者に責任能力があること
④ 加害行為と損害発生との間に因果関係があること

(5) 国家賠償法第1条第1項の公務員による不法行為（違法行為）の要件は次の通りです。

> ① 国または公共団体の公務員の公権力の行使であること（主観的要件）
> ② その公務員の職務執行について故意または過失があること（主観的要件）
> ③ 違法な行為であること（客観的要件）
> ④ 加害行為により損害が発生したこと（客観的要件）

(6) 国家賠償法第1条第2項は、加害公務員に故意または重大な過失があった場合に限り、国や自治体は、その公務員に対して求償（弁済した者が他人にその弁済を求めること）することができるとしています。重大な過失とは、一般人に要求される注意義務を著しく欠くことをいいます。

2 自治体や国が賠償責任を負う場合

国家賠償法第1条第1項の規定により自治体や国が賠償責任を負う場合には、

被害者は、民法第709条の規定により公務員個人に対して損害賠償請求をすることはできないとされています（判例・通説）。その理由としては、①規定の体裁が「国または公共団体が、これを賠償する責に任ずる」としていること、②国や公共団体に資力がある以上、資力に乏しい公務員個人への請求を認める必要のないこと、③公務員個人への請求を認めると職務執行が萎縮することなどがあげられています。これに反対する学説は、①民法第715条では被用者（雇用されている者）も使用者とともに賠償責任を負うのに国家賠償法の適用がある場合に公務員は個人責任を負わないとする理由はないこと、②国家賠償は公務員の職権濫用に対する国民の個別的監督作用を営むこと、③被害者の報復感情を満たし得ることなどをあげています。

　結局、判例では、公務員個人は賠償責任を負わないとされていますから、損害賠償請求訴訟の被告は、自治体や国を被告とせざるを得ません。しかし、訴状の中には加害者（不法行為者）として特定の公務員の氏名を明記することができますし、その公務員を証人として法廷で尋問することもできますから、国家賠償請求訴訟の中で真実を明らかにすることができます。自治体や国を被告とした場合の慰謝料請求（精神的苦痛に対する損害賠償請求）に対しては、裁判所は、これを認める場合でも極めて少額しか認めませんので、訴訟物の価額をあまりに高額にすると費用の無駄になる場合があります。国家賠償法の利用方法については、第6章のQ 41で説明します。

Q38 裁判官に対する訴追請求は、どのようにするのですか

1 公務員に対する個人責任の追及の一つの場合

　公務員に対する個人責任の追及の一つの場合として裁判官に対する訴追請求の制度があります。裁判官には、司法権の独立を守るために裁判官の身分が保障されていますが、一方、司法権も主権者である国民の信託によるものですから、司法に国民の意思が反映される必要があります。憲法第15条第1項は「公務員（裁判官も含まれます）を選定し、及びこれを罷免することは、国民固有の権利である」としていますが、憲法第78条には「裁判官は、裁判により、心身の故障のために職務を執ることができないと決定された場合を除いては、公の弾劾によらなければ罷免されない。裁判官の懲戒処分は、行政機関がこれを行うことはできない」と規定して、裁判官の身分を保障しています。
　裁判官弾劾法第2条は弾劾による罷免の事由を①職務上の義務に著しく違反し、または職務を甚だしく怠ったとき、②その他職務の内外を問わず、裁判官としての威信を著しく失うべき非行があったときと規定しています。

　司法権の独立の原則から判決内容の誤り（誤判決）などの裁判官の判断自体は、一般に罷免の事由にはなりません。また、弾劾による罷免の事由があった後、3年を経過したときは、罷免の訴追をすることができません。3年の期間を訴追期間といいます。

2 訴追請求状の書き方

　国民は、誰でも裁判官に弾劾による罷免の事由があると思うときは、衆議院議員と参議院議員で構成する「訴追委員会」に対して罷免の訴追をするように請求することができます。罷免の訴追を請求する場合は、罷免の事由を記載した書面を提出する必要がありますが、訴追請求の費用は不要（無料）です。
　「訴追請求状」の書き方は決まっていませんが、次のような記載例があります。A4サイズの用紙に横書き・片面印刷とします。左側をホチキスで2カ所綴じますので、余白は3cm程度とります。第4章Q21の訴状の作り方と同様にし

ます。

訴追請求状

平成〇年〇月〇日

裁判官訴追委員会　御中

　　　　　　訴追請求人（住所）〇県〇市〇町〇丁目〇番〇号
　　　　　　　　　　　（氏名）〇〇〇〇（印）
　　　　　　　　　　　（電話）000-000-0000

　下記の裁判官について弾劾による罷免の事由があると思われるので、罷免の訴追を求める。

記

1　罷免の訴追を求める裁判官
　　氏名　　〇〇〇〇
　　所属裁判所　　平成16年12月当時は〇〇地方裁判所
2　訴追請求の事由
　（①職務上の義務に著しく違反しまたは職務を甚だしく怠ったとき、②その他職務の内外を問わず、裁判官としての威信を著しく失うべき非行があったときに該当する具体的な事実を詳細に記載します）
3　添付書類
　（1）　（省略）　　　1通
　（2）　（省略）　　　1通
　　以上

---

① 「訴追請求の事由」には、いつ、どこで、どういうことがあったのかを具体的に記載します。訴追請求の事由が裁判と関係する場合には、その裁判の行われた裁判所名、事件番号、当事者名についても記載します。
② 添付書類には、訴追請求の事由の証拠となる書類や関係事件の判決書写しのような参考となる書類がある場合に表題を記載します。添付する書類は写し（コピー）を添付します。
③ 訴追請求状の郵送先は、次の通りです。1通を提出します。

〒100-8982　東京都千代田区永田町二丁目1番2号　衆議院第二議員会館内　裁判官訴追委員会

第6章●
その他の行政監視の手法には、どんなものがありますか

Q39 請願法にもとづく請願制度は、どのように利用するのですか

1 請願権

　請願権とは、自治体や国の機関に希望や苦情を述べる権利をいいますが、憲法上の権利とされています。請願権は、国民が政治に参加することができず、言論の自由が確立されていなかった時代には重要な意味を持っていましたが、現在ではその意義は薄れてきたといえます。請願権を最初に保障した法制は1689年の英国の権利章典といわれています。

　憲法第16条は「何人も、損害の救済、公務員の罷免、法律、命令または規則の制定、廃止または改正その他の事項に関し、平穏に請願する権利を有し、何人も、かかる請願をしたために、いかなる差別待遇も受けない」と規定しています。この規定を受けて一般の官公署（国や自治体の機関）に対する請願の方式や手続が昭和22年制定の「請願法」に次のように規定されています。

(1) 請願は、請願者の氏名（法人の場合は名称）と住所を記載し、文書で行う必要があります。住所のない場合は、居所を記載します（請願法第2条）。

(2) 請願書は、請願の事項を所管する官公署（国や自治体の機関）に提出する必要があります（請願法第3条）。

(3) 請願書が誤って提出先とされている官公署以外の官公署に提出された場合は、その官公署は、請願者に正当な官公署を指示し、または正当な官公署にその請願書を送付する必要があります（請願法第4条）。

(4) 請願法に適合する請願は、官公署において、これを受理し、誠実に処理をする必要があります（請願法第5条）。

(5) 何人も、請願をしたために、いかなる差別待遇も受けることはありません（請願法第6条）。

2 請願法第5条の誠実処理義務

　請願法第5条では「この法律に適合する請願は、官公署において、これを受理し誠実に処理しなければならない」と規定されていますが、請願権は、公の機関（国や自治体の機関）に対する希望を述べる権利に過ぎないので、請願の

内容について審理をし何らかの判定や回答を求める具体的な権利までは含まないと解されています。その意味で、請願権は、何らかの具体的な法律上の効果を発生させるものではありません。しかし、請願法第5条が「誠実に処理しなければならない」と規定するのは、手続的に誠実に処理する法的義務を課したものであり、不誠実な処理は許さないとしたものです。従って、請願書を提出する場合は、請願事項を述べる場合でも、その請願事項についての回答を求める必要があります。

行政監視活動の中でも官公署（国や自治体の機関）に対して照会をする場合が多いのですが、書面の表題を照会書や質問書とせずに「請願書」という表題にして発送することが大切です。もし、官公署が誠実に処理せずに回答書を発送しない場合は、情報公開条例、情報公開法、個人情報保護条例などを利用して、自分の送付した請願書の処理状況を調査することができます。

まず、情報公開条例を利用する場合は、自分の請願書を含むように「平成○年○月○日以降に○県知事あてに提出された一切の請願書及びその処理状況の分かる一切の文書」のような内容にして公開請求書を提出します。

次に、個人情報保護条例を利用して、個人情報開示請求書に「本件請求人が平成○年○月○日以降に○県知事あてに提出して一切の請願書及び各請願者の処理状況の分かる一切の文書」ように記載して開示請求書を提出します。

このようにして開示された文書で各請願書が誠実に処理されていないことが分かった場合は、再度、請願書によって誠実に処理することを求めるとともに回答書の発送も求めます。このような法的手段による追及を続けると、請願書を無視するような態度は改善されます。

3　照会をする場合の「請願書」の書式

照会をする場合の「請願書」の書式は、次のように統一をしておくと便利です。次の記載例は知事に対する照会書です。

請願書

平成○年○月○日

○○県知事　○○○○　殿

〒000-0000　○県○市○町○丁目○番○号

　　　　　　　　　　請願者　　　　　　○○○○　（印）
　　　　　　　　　　　　（電話 000-000-0000　FAX 000-000-0000）
　　　○○○○○について（照会）

　標記について、下記の通り照会するので、本書到達日の翌日から起算して1週間以内に回答書を発送されるよう請願する。もし期限までに回答書を発送することができない場合には、回答書発送予定日を上記の電話またはFAXへ連絡されたい。
　　　　　　　　　　　　記
1　（内容省略）
2　（内容省略）
　　＜中略＞
　以上

① 表題は請願書とし、宛て先は役職名のほか、なるべく氏名も記載します。
② 請願者の住所・氏名のほか、電話番号を記載します。
③ 照会事項の件名を「○○について（照会）」のように付けます。
④ 照会内容は、箇条書きにして具体的に記載します。
⑤ 相手方が一定期間の調査を要する場合は、「標記について、下記の通り照会するので、調査の上、本書到達日の翌日から起算して2週間以内に回答書を発送されるよう請願する」のように「調査の上」を付加し、回答期限も「2週間以内」のように延長します。

Q40 地方議会に対する請願や陳情は、どのようにするのですか

1　地方議会（都道府県議会や市町村議会）に対する請願

　地方議会（都道府県議会や市町村議会）に対する請願は、地方自治法第124条により「普通地方公共団体の議会に請願しようとする者は、議員の紹介により請願を提出しなければならない」と規定されています。普通地方公共団体とは、都道府県と市町村をいいます。

　「議員の紹介」とは、実務的には、請願書にその地方議会の議員1名の署名と押印を得ることをいいます。紹介議員が、その請願内容に賛成するか否かは関係ありません。単に請願書に紹介議員の署名と押印があればよいのです。地方議会によっては、紹介議員が請願書の内容を説明することとしている場合がありますが、請願内容に賛成しない議員は、単に請願書の内容を読み上げる程度にしています。

　請願事項は、その地方公共団体のすべての事務に及びますが、その地方公共団体の事務に関係のない事項についての請願書であっても適法な形式の請願書の受理を拒否することはできません。その採択・不採択は議会において決定すべきものだからです。

　請願書の提出時期は、地方議会の開会中でも閉会中でもかまいませんが、提出時期によっては次の議会において処理されることになります。一般に委員会に付託されます。

　地方議会に「請願しようとする者」の範囲は、実務的にはその自治体の住民が多いものの、他の自治体の住民でも、外国人でも、会社のような法人でも、法人でない団体でも請願者となることができます。

　地方議会が請願を採択したときは、議会は、自治体の長、教育委員会その他の行政委員会、監査委員その他の執行機関において措置することが適当と認めるものは、これらの者に送付し、かつ、その請願の処理の経過や結果の報告を請求することができます（地方自治法第125条）。

　地方自治法第124条の規定する請願は「議会」に対するものであって、「議長」に対する請願とは異なりますが、これを混同している議会もあります。

2　地方議会に対する請願書の書式

　地方議会に対する請願書の書式は決まっていませんが、次の記載例があります。

請願書

　　　　　　　　　　　　　　　　　　　　　　平成○年○月○日
○○県議会　殿

　　　　　　　　　　請願者　（住所）○県○市○町○丁目○番○号
　　　　　　　　　　　　　　（氏名）　　　　　○○○○　（印）
　　　　　　　　　　　　　　　　　　　（電話　000-000-0000）

　　　　　　　　　紹介議員　　　　　　　○○○○　（印）

　　　　　　　○○○○○について（請願）

標記について、下記の通り請願をする。
記
1　（内容省略）
2　（内容省略）
　　＜中略＞
　以上

---

① 自治体の長その他の執行機関（教育委員会その他）に対する請願をするとともに地方議会に対しても請願をする場合は、例えば、「標記について、下記の通り請願をするので、請願の趣旨に沿った適切な意見を○県知事に対して提出されたい」として請願書を提出することもできます。
② 請願書を受理した議会は、まず関係の常任委員会などで審査をして本会議で採択・不採択を決定します。その結果は、請願者に通知されます。「継続審査」と称して長期間たなざらしになる場合もあります。

③　請願書の内容が執行機関の事務に関する場合には、議会から執行機関に対して請願内容に対する意見の提出を求める場合があります。この場合には紹介議員を通じて意見書のコピーを貰うか、情報公開条例によって公開請求をして閲覧をすると自治体の考え方が分かって参考になる場合があります。

3　陳情とは

　請願と似たものに「陳情」があります。陳情については地方自治法も請願とは異なる扱いをしています。陳情の性質は、自治体の機関に対して一定の事項について適切な措置をとってもらいたいという単なる訴えに過ぎず、受理をした議会に具体的な法的義務を負わせるものではありません。しかし、地方議会の標準会議規則では、「陳情書またはこれに類するもので議長が必要あるものと認めるものは、請願書の例により処理するものとする」としていますから、一般的に請願書に準じて処理されます。

　陳情について、地方自治法第109条第3項では、「常任委員会は、(中略) 議案、陳情等を審査する」と規定し、同条第4項でも「常任委員会は、予算その他重要な議案、陳情等について（以下省略）」と規定しており、陳情は、常任委員会の審査事項にも入っているのです。

　陳情書と請願書の違いは、陳情書には「議員の紹介」が不要であることです。陳情書には、議員の紹介が不要ですから、いつでも誰でも、どこの地方議会にでも自由に提出することができます。現に議会に対して陳情書の公開請求をすると全国から多数の陳情書が提出されていることが分かります。

　陳情書の書き方も決まっていませんが、請願書に準じて次例のように作成します。

```
                    陳情書
                                   平成○年○月○日
○○県議会　殿
              陳情者　（住所）○県○市○町○丁目○番○号
                    （氏名）　　　　○○○○　（印）
                              （電話　000-000-0000）
```

○○○○○について（陳情）

標記について、下記の通り陳情をする。
記
1　（内容省略）
2　（内容省略）
　＜中略＞
　以上

Q41 国家賠償法は、どのように利用するのですか

1 公務員の不法行為があった場合の損害賠償責任

　国家賠償法第1条には、公務員の不法行為（故意または過失により他人の権利を侵害する行為）があった場合の損害賠償責任について規定しています（詳細は、第5章Q37参照）。

　国家賠償法によって損害賠償請求訴訟を提起するには、自治体や国の公権力の行使に当たる公務員の不法行為（違法行為）があった場合に限られます。公権力の行使に当たらない場合には国家賠償法の適用はなく、民法第709条以下の不法行為の規定によって公務員個人やその使用者（国や自治体）に対して損害賠償請求をすることになります（第5章Q37参照）。裁判例は、「公権力の行使」について次のように判断しています。

(1) 県立養護学校のスクールバスの運行は公権力の行使に当たる。
(2) 県立高校教諭のクラブ活動の指導監督は公権力の行使に当たる。
(3) 市町村のする印鑑証明・資産証明交付事務は公権力の行使に当たる。
(4) 郵便車の運転業務は公権力の行使に当たる。
(5) 許認可申請前の事前相談形式の行政指導は公権力の行使に当たる。
(6) 玩具拳銃の製造販売中止を求める行政指導は公権力の行使に当たる。
(7) 警察官が飼い犬に噛まれている女性を救出する行為は公権力の行使に当たる。
(8) 警察官が拳銃を使用する行為は公権力の行使に当たる。
(9) 公立学校教諭が体罰を加える行為は公権力の行使に当たる。
(10) 警察官が取材記者に捜査結果を発表する行為は公権力の行使に当たる。
(11) 公立学校の実施する修学旅行は公権力の行使に当たる。

一方、公権力の行使が否定された裁判例には次があります。

(1) 郵便局員の郵便物の取扱いは公権力の行使に当たらない。
(2) 郵便局員の年賀葉書の発売は公権力の行使に当たらない。
(3) 裁判所から選任された鑑定人の鑑定行為は公権力の行使に当たらない。
(4) 裁判所の廷吏が私用車による送達事務を終えた後の運転行為や警察官が

交通事故処理を終えた後の警察署構内の運転行為は公権力の行使に当たらない。

2　国家賠償請求訴訟

　国家賠償法第1条第1項は、「国または公共団体が、これを賠償する責に任ずる」と規定していますから、国家賠償請求訴訟の被告は、責任主体である国や公共団体となります。行政機関（知事、法務局長など）や行政官署（法務局、税務署など）は権利の主体となる資格（権利能力）を有しないので、被告とすることはできません。国家賠償請求訴訟は、行政事件訴訟ではなく、通常の民事訴訟なのです。本人訴訟の仕方は、第4章で説明した通りになります。

　公務員の不法行為による損害は財産的損害（経済的損害）のほか精神的損害も含まれます。精神的損害に対する賠償金のことを「慰謝料」といいますが、日本の裁判所では、慰謝料の額は極端に少なくしか認めません。財産的損害は計算根拠を明確にして請求することができますが、慰謝料は計算根拠を明確にすることはできませんから、慰謝料の額についても証明することはできません。従って、公務員の不法行為について慰謝料を請求する場合は、あまりに高額の慰謝料を請求しても無駄になる場合があります。

　国家賠償請求訴訟を行政監視活動として利用する場合は、実務上は、慰謝料を請求する場合が多くなっていますが、行政を正すために真実を明らかにする目的の国家賠償請求訴訟では損害賠償請求額を「1円」とすることもできます。現在の民事訴訟を提起する場合の裁判の手数料は、最低額が1千円の収入印紙で10万円まで請求することができますから、訴訟物の価額を10万円とするのも一つの方法です。裁判の手数料は控訴審（二審）では一審の1.5倍、上告審（三審）では一審の2倍となります。裁判の手数料の収入印紙の額は訴訟物の価額（訴額）に応じて次のようになっています（第4章Q 21参照）。

訴訟物の価額	訴えの提起	控訴の提起	上告の提起	備考
10万円	1,000円	1,500円	2,000円	最低額
20万円	2,000円	3,000円	4,000円	
30万円	3,000円	4,500円	6,000円	
40万円	4,000円	6,000円	8,000円	
50万円	5,000円	7,500円	10,000円	

60万円	6,000円	9,000円	12,000円
70万円	7,000円	10,500円	14,000円
80万円	8,000円	12,000円	16,000円
90万円	9,000円	13,500円	18,000円
100万円	10,000円	15,000円	20,000円
120万円	11,000円	16,500円	22,000円
140万円	12,000円	18,000円	24,000円
160万円	13,000円	19,500円	26,000円
180万円	14,000円	21,000円	28,000円
200万円	15,000円	22,500円	30,000円
	(以下省略)		

3 国家賠償請求訴訟の手続

　国家賠償請求訴訟の手続は、通常の民事訴訟手続と同様になります（第4章参照）。次の記載例は、情報公開条例に規定する実施機関（行政庁）が情報公開審査会の開示すべき旨の答申がなされたのに2年以上も行政処分を放置して（不作為）公開請求者に多大の精神的苦痛を与えたとして金1円を請求した訴訟の訴状の例です。訴訟物の価額（訴額）が140万円以下の場合は簡易裁判所の管轄となりますから（裁判所法第33条）、住所地の簡易裁判所へ訴状を提出しますが、国家賠償請求の場合には、地方裁判所に移送される場合があります（民事訴訟法第18条）。次の訴状の場合も、地方裁判所に移送されて合議制（3人の裁判官による裁判体）により審理されました（付属資料参照）。

```
                       訴　　状
                                          平成○年○月○日
  ○○簡易裁判所　御中
                                    原告　　○○○○　　(印)

              〒000-0000　○県○市○町○丁目○番○号（送達場所）
                        原告　　○○○○
                            （電話　000-000-0000）
```

　　　　　　〒000-0000　〇県〇市〇町〇丁目〇番〇号（送達場所）
　　　　　　　被告　　〇〇市
　　　　　　　　　　　上記代表者市長　　〇〇〇〇

国家賠償請求事件
　　訴訟物の価額　　　金1円
　　貼用印紙額　　　　金1,000円

第1　請求の趣旨
　1　被告は、原告に対し、金1円を支払え。
　2　訴訟費用は被告の負担とする。

第1　請求の原因
　1　　（中略）（本件請求に至った公務員の違法行為を詳細に述べます）
　　　　（中略）
　7　被告の行政庁（〇〇市長）は、故意による不作為（職務怠慢）によって原告に多大の精神的苦痛を与えたのである。被告の公務員が故意に恣意的に原告に対してだけ、過去に前例もないのに、答申を受けた後2年余も行政処分をしないことにより原告は多大の精神的苦痛を受けたのであって、この精神的損害は、金銭に換算すると金1円を下らないことは言うまでもない。原告の本件精神的損害と被告の行政庁の故意による不作為（職務怠慢）とは相当因果関係がある。
　8　よって、原告は、被告に対し、国家賠償法第1条第1項の規定に基づき請求の趣旨記載の金員の支払いを求めるものである。

　　　　　　　　　　　　証拠方法
　1　甲第1号証　　　〇〇市情報公開条例写し
　2　甲第2号証　　　平成〇年〇月〇日付〇〇市答申第7号文書写し
　3　甲第3号証　　　平成〇年〇月〇日付〇〇市答申第8号文書写し

```
          附属書類
1  訴状副本1通
2  甲号証写し各2通
以上
```

① 被告は権利の主体である自治体としますが、自治体の代表者も上例のように表記します。被告への訴状の送達場所となります。
② 提出する裁判所は訴訟物の価額が140万円以下の場合は簡易裁判所となりますが、国家賠償請求事件では地方裁判所へ移送される場合があります。
③ 当事者(原告と被告)を記載例のように表記しますが、原告の住所を送達場所とする場合は住所の後に(送達場所)と表記します(第4章Q21参照)。
④ 事件名の付け方は決まっていませんから、記載例のように簡潔に表記します。裁判所が損害賠償請求事件のように直す場合があります。
⑤ 訴訟物の価額が10万円までの貼用印紙額は1千円となります(上記2の表参照)。
⑥ 請求の原因には、原告の請求を特定するのに必要な事実を記載します(第4章Q21参照)。
⑦ 証拠方法には主な書証(文書の証拠)の表題を記載します(第4章Q21参照)。
⑧ 附属書類として訴状の副本(正本と同じもの)と甲号証の写しを添付します。

4 情報公開請求に対して違法な非公開処分がなされた場合

　情報公開請求に対して違法な非公開処分(行政処分)がなされた場合は、行政事件訴訟法にもとづいて違法な非公開処分の取消訴訟を提起することができますが、それとは別に公務員の違法行為(不法行為)を原因として国家賠償請求訴訟を提起することができます。
　非公開処分(行政処分)は、たとえ違法な行政処分であっても、取消訴訟により非公開処分が取り消されるまでは有効なものとして通用する効力(これを

公定力といいます）がありますので、行政処分（非公開処分）の効力とは関係なく行政処分の違法性を主張して金銭賠償を求める国家賠償請求訴訟を提起することができるのです。つまり、取消訴訟と国家賠償請求訴訟とは別に提起することができるのです。

Q42
行政手続法は、どのように利用するのですか

1 行政手続法の目的

　行政手続法の目的は、①処分、②行政指導、③届出に関する手続に関して共通する事項を定めることによって行政運営における公正の確保と透明性（行政上の意思決定について、その内容と過程が国民にとって明らかであること）の向上を図り、もって国民の権利利益の保護に資することを目的としています（行政手続法第1条）。

　①の処分とは、行政庁（自治体や国のような行政主体のために意思決定を行う権限を有する知事・市町村長・大臣などの行政機関）の処分その他公権力の行使に当たる行為をいいます。公権力の行使とは、自治体や国の公務員による統治権にもとづく権力の行使をいいます（第5章Q37参照）（行政手続法第2条第2号）。

　②の行政指導とは、行政機関がその任務または所掌事務の範囲内において一定の行政目的を実現するため特定の者に一定の作為または不作為を求める指導、勧告、助言その他の行為であって処分に該当しないものをいいます（行政手続法第2条第6号）。

　③の届出とは、行政庁に対し一定の事項の通知をする行為（申請に該当するものは除きます）であって、法令により直接に通知が義務付けられているものをいいます（行政手続法第2条第7号）。

　行政手続法では、自治体の行政運営における公正の確保と透明性の向上を図るために、自治体においても行政手続法の趣旨にのっとり必要な措置を講ずるよう努める必要がある旨を規定していますから、各自治体においても行政手続法と同様の規定をした「行政手続条例」を制定しています。行政手続法の適用されない自治体の行政庁の処分・行政指導・届出については行政手続条例が適用されます。行政手続条例の違反に対する罰則の規定はありませんが、行政手続条例の違反については地方公務員法の法令遵守義務違反となります。

　行政手続法と自治体の行政手続条例の以下に述べるような規定によって各種の情報を収集することができますから、行政監視活動の有力な武器になります。例えば、以下に述べる許認可申請に関する審査基準・標準処理期間に関する文

書などを入手する必要があります。各自治体の行政手続条例の規定も、行政手続法の規定と同様になっていますから、以下には行政手続法の条文によって説明します。

2 申請に対する処分

　申請に対する処分について次のように規定しています（行政手続法第2章）。この場合の「申請」とは、法令にもとづき行政庁の許可、認可、免許その他の自己に対し何らかの利益を付与する処分（以下「許認可等」といいます）を求める行為であって、その行為に対して行政庁が諾否の応答をすべきこととされているものをいいます（行政手続法第2条第3号）。

(1)　行政庁は、申請により求められた許認可等をするかどうかをその法令の定めに従って判断するために必要とされる基準（審査基準）を定めるものとされています。

(2)　行政庁は、審査基準を定めるに当たっては、その許認可等の性質に照らして、できる限り具体的なものとする必要があります。

(3)　行政庁は、行政上特別の支障がある場合を除き、法令により申請の提出先とされている機関の事務所における備付けその他の適当な方法により「審査基準」を公にしておく必要があります。

(4)　行政庁は、申請がその事務所に到達してから、その申請に対する処分をするまでに通常要すべき標準的な期間（標準処理期間）を定めるように努めるとともに、これを定めたときは、申請の提出先とされている機関の事務所における備付けその他の適当な方法により公にしておく必要があります。

(5)　行政庁は、申請がその事務所に到達したときは、遅滞なく申請の審査を開始する必要があり、かつ、申請書の記載事項に不備がないこと、申請書に必要な書類が添付されていること、申請をすることができる期間内になされたものであることその他の法令に定められた申請の形式上の要件に適合しない申請については、速やかに、申請をした者に対し相当の期間を定めて申請の補正を求め、または申請により求められた許認可等を拒否する必要があります。

(6)　行政庁は、申請により求められた許認可等を拒否する処分をする場合は、申請者に対し、同時に、その処分の理由を示す必要があります。処分を書

面でする場合には、理由も書面により示す必要があります。
(7) 行政庁は、申請をしようとする者または申請者の求めに応じ、申請書の記載および添付書類に関する事項その他の申請に必要な情報の提供に努める必要があります。
(8) 行政庁は、申請者の求めに応じ、その申請に係る審査の進行状況や申請に対する処分の時期の見通しを示すように努める必要があります。

3 行政指導

行政指導については次のように規定しています（行政手続法第4章）。
(1) 行政指導に携わる者は、いやしくも、その行政機関の任務または所掌事務の範囲を逸脱してはならないことや行政指導の内容があくまでも相手方の任意の協力によってのみ実現されるものであることに留意する必要があります。
(2) 行政指導に携わる者は、その相手方が行政指導に従わなかったことを理由として、不利益な取扱いをしてはならないとされています。
(3) 申請の取り下げまたは内容の変更を求める行政指導にあっては、行政指導に携わる者は、申請者がその行政指導に従う意思がない旨を表明したにもかかわらず、行政指導を継続することなどにより申請者の権利の行使を妨げるようなことをしてはならないとされています。

4 届出

届出については次のように規定しています（行政手続法第5章）。

届出が届出書の記載事項に不備がないこと、届出書に必要な書類が添付されていることその他の法令に定められた届出の形式上の要件に適合している場合は、その届出が法令により届出の提出先とされている機関の事務所に到達したときに、その届出をすべき手続上の義務が履行されたものとされます。

Q43 行政事件訴訟法の行政事件訴訟には、どんな種類がありますか

1　行政事件訴訟法

　行政事件訴訟法は平成16年6月に制定以来42年ぶりの大改正があり、平成17年4月から改正法が施行されることになりました。行政監視活動で行政事件訴訟法に規定する訴訟類型の訴訟をする必要がある場合がありますので、以下に行政事件訴訟の種類を説明することにします。行政事件訴訟に関して行政事件訴訟法に規定のない事項については民事訴訟の例によるとされていますから、通常の民事訴訟手続によることになります（行政事件訴訟法第7条）。

　行政事件訴訟とは、①抗告訴訟、②当事者訴訟、③民衆訴訟、④機関訴訟の4種類をいいます（行政事件訴訟法第2条）。

(1)　抗告訴訟とは、行政庁の公権力の行使に関する不服の訴訟をいいます。行政庁とは、行政主体（自治体や国）のために意思決定を行う権限を有する知事・市町村長・大臣・教育委員会などの行政機関をいいます。公権力の行使とは、行政庁の行為のうち直接に国民の権利義務を形成する権限の行使をいいます。行政庁の公権力の行使または不行使から生じる違法状態を除去することを目的とする訴訟で、次の類型があります（行政事件訴訟法第3条）。（詳細はQ43の2参照）

①　処分の取消の訴え
②　裁決の取消の訴え
③　無効等確認の訴え
④　不作為の違法確認の訴え
⑤　義務付けの訴え
⑥　差し止めの訴え

(2)　当事者訴訟とは、①当事者間の法律関係を確認または形成する処分または裁決に関する訴訟で法令の規定によりその法律関係の当事者の一方を被告とするものと、②公法上の法律関係に関する確認の訴えその他の公法上の法律関係に関する訴訟をいいます。例えば、①の例には土地の収用委員会の行う権利取得裁決に不服がある者が起業者を被告とする場合があり、

②の例には公務員の免職処分の無効を前提とする退職手当支払請求訴訟があります（行政事件訴訟法第4条）。オンブズ活動には特に関係しません。

(3) 民衆訴訟とは、国や自治体の機関の法規に適合しない行為の是正を求める訴訟で、選挙人たる資格その他の自己の法律上の利益にかかわらない資格で提起するものをいいます（行政事件訴訟法第5条）。例えば、地方自治法に規定する住民訴訟や公職選挙法に規定する選挙の効力に関する訴訟があります。

(4) 機関訴訟とは、国や自治体の機関相互間における権限の存否またはその行使に関する紛争についての訴訟をいいます（行政事件訴訟法第6条）。オンブズ活動には特に関係しません。

2 抗告訴訟

抗告訴訟（行政庁の公権力の行使に関する不服の訴訟）には、次の6類型が規定されています（行政事件訴訟法第3条）。次の(5)と(6)は改正法により追加されました。

(1) 処分の取消の訴えとは、行政庁の処分その他公権力の行使に当たる行為の取消を求める訴訟をいいます。行政庁の処分とは、判例（最高裁昭和39年10月29日）では、「公権力の主体たる国または公共団体が行う行為のうち、その行為によって、直接国民の権利義務を形成しまたはその範囲を確定することが法律上認められているものをいう」と判示しています。

(2) 裁決の取消の訴えとは、審査請求、異議申立その他の不服申立に対する行政庁の裁決、決定その他の行為の取消を求める訴訟をいいます。裁決とは、行政不服審査法の審査請求に対する行政機関の処分をいい、決定とは異議申立に対する処分をいいます。

(3) 無効等確認の訴えとは、行政庁の処分や裁決・決定の存否またはその効力の有無の確認を求める訴訟をいいます。

(4) 不作為の違法確認の訴えとは、行政庁が法令に基づく申請に対して相当の期間内に何らかの処分や裁決・決定をすべきであるにもかかわらず、これをしないことについての違法の確認を求める訴訟をいいます。例えば、許認可申請を相当の期間内に処理しないような場合に提起します。

(5) 義務付けの訴えとは、次の場合に行政庁がその処分または裁決・決定をすべき旨を命ずることを求める訴訟をいいます。例えば、許認可申請を相

当の期間内に処理しないような場合に提起します。
① 行政庁が一定の処分をすべきであるにもかかわらず、これがなされないとき
② 行政庁に対し一定の処分または裁決・決定を求める旨の法令にもとづく申請または審査請求・異議申立がなされた場合において、その行政庁が処分または裁決・決定をすべきであるにもかかわらず、これがなされないとき

(6) 差し止めの訴えとは、行政庁が一定の処分または裁決・決定をすべきでないにもかかわらず、これがなされようとしている場合において、行政庁がその処分または裁決・決定をしてはならない旨を命ずることを求める訴訟をいいます。

3　抗告訴訟の重要な規定

　抗告訴訟は、行政事件訴訟の類型の中で中心をなすものとして規定されていますが、その中でも特に重要な規定は次の通りです。

(1) 処分の取消の訴えは、その処分について法令の規定により行政不服審査法の審査請求・異議申立をすることができる場合であっても、直ちに処分の取消訴訟を提起することができます。ただし、法律にその処分について審査請求・異議申立に対する裁決・決定を経た後でなければ処分の取消訴訟を提起することができない旨の定めのある場合（不服申立前置主義）は除かれます（行政事件訴訟法第8条）。

(2) 処分の取消の訴えや裁決・決定の取消の訴えは、その処分または裁決・決定の取消を求めるにつき「法律上の利益を有する者」に限り、提起することができます（行政事件訴訟法第9条）。法律上の利益を有する者とは、処分の名宛人（例えば、不許可処分や行政文書非公開処分を受けた者）のほか、処分により直接に権利を侵害されまたは義務を課される者も含まれます。国家賠償請求訴訟を提起するには、あらかじめ行政処分の取消や無効確認の判決を得なければならないものではないので、違法な行政処分による国家賠償を請求するためというだけでは取消訴訟の訴えの利益はないとされています。

(3) 取消訴訟においては、自己の法律上の利益に関係のない違法を理由として取消を求めることはできないとされています（行政事件訴訟法第10条）。

(4) 取消訴訟の被告は、処分または裁決・決定をした行政庁が国または自治体に所属する場合には、次の区分に応じて次に定める者を被告とする必要があります（行政事件訴訟法第11条）。
　① 処分の取消の訴えでは、処分をした行政庁の属する国または自治体
　② 裁決の取消の訴えでは、裁決・決定をした行政庁の属する国または自治体

　　国または自治体を被告として取消訴訟を提起する場合には、訴状に次の区分に応じて行政庁を記載するものとされています。
　　(a) 処分の取消の訴えでは、処分をした行政庁（例えば、○県知事）
　　(b) 裁決の取消の訴えでは、裁決・決定をした行政庁（例えば、○市市長）

(5) 取消訴訟は、処分または裁決・決定があったことを知った日から6カ月を経過したときは、正当な理由がある場合を除き提起することができません。取消訴訟は、処分または裁決・決定を知らなくても、それらの日から1年を経過したときは、正当な理由がある場合を除き提起することができません。しかし、審査請求・異議申立をした場合は、それに対する裁決・決定があったことを知った日から6カ月を経過したとき、または知らなくても裁決等があった日から1年を経過したときは、正当な理由がある場合を除き取消訴訟を提起することができません（行政事件訴訟法第14条）。

Q44 行政監視のためのマスコミ発表は、どのようにするのですか

1 住民監査請求をした場合はマスコミ発表を

　情報公開条例による公開請求によって公務員の違法または不当な公金支出を発見した場合には地方自治法第242条の規定にもとづく住民監査請求をすることになりますが、住民監査請求書を自治体の監査委員に提出した場合には、必ずマスコミ各社（新聞・放送）へ情報提供をします。

　マスコミ各社への情報提供の方法としてもっとも効率的に行うには、都道府県庁や市町村役場の「記者クラブ」へマスコミ発表資料を持参するかFAX送信をします。記者クラブは都道府県庁や都道府県庁所在地の市役所には記者クラブ専用の部屋が置かれ、それぞれ各社の担当記者が常駐していますが、その他の市町村役場には記者クラブ用の部屋は準備している場合があるものの、担当記者は常駐していません。

　FAXがある場合は、都道府県庁や市町村役場の記者クラブへマスコミ発表資料をFAX送信します。都道府県や市町村の広報担当者が各社へマスコミ発表資料の写しを配付してくれる場合は問題がないのですが、広報担当者が写しの配付をしてくれない場合は、電話で記者クラブの幹事社にマスコミ発表資料を送信した旨を連絡します。幹事社とは、毎月交代で当番をする会社ですが、どこが幹事社か分からない場合でも、都道府県庁などの代表電話または広報担当課へ電話をして「記者クラブの今月の幹事社へつないでください」と言えば、つないでくれます。適当な記者クラブがない場合には、マスコミ各社へ直接FAX送信をします。マスコミ各社のFAX番号の一覧表は都道府県庁の記者クラブの幹事社か、都道府県の広報担当課から写しを入手します。新聞社の場合は各新聞紙面にもFAX番号が記載されています。

2 記者クラブあてのマスコミ発表資料

　記者クラブあてのマスコミ発表資料には、次例のような文書を添付します。

```
                                              平成○年○月○日
県政記者クラブ・幹事社　御中

                                          ○県○市○町○丁目○番○号
                                          □□市民オンブズマン・事務局
                                                        ○○○○
                                          （電話・FAX000-000-0000）
　　　　　　　（情報提供）
　　　　　○○に関する住民監査請求書の提出について

　標記について、本日（○月○日）、○県監査委員に対して下記の住民監査請求書を提出しました。監査請求の内容は住民監査請求書記載の通りです。
　　　　　　　　　　　　　　　記
○○に関する住民監査請求書及び事実証明書　　　各１通

添付書類
　１　住民監査請求書　　１通
　２　事実証明書　　　　１通
以上
```

① 記者クラブに発表する場合の宛て先は、県政記者クラブ幹事社、市政記者クラブ幹事社、報道各社のように記載しますが、特定の会社のみに発表する場合は、その会社名を記載します。ただ、なるべく公平に各社へ発表するのが無難です。

② 発表内容について各社からの問い合わせがありますから、発表者の電話番号（できれば携帯電話も）は必ず記載しておきます。携帯電話のない場合は、午後４時頃から午後７時頃までは問い合わせに対応できるように電話を取れる場所にいるようにします。各社からの問い合わせがない場合は、報道する価値のない情報と判断されている場合が多く、まず報道されることはありません。

③ 発表内容の要点を記載する場合は、箇条書きにして簡潔に記載します。

住民訴訟や取消訴訟を提起したような場合は、発表資料として訴状写しを添付しますが、訴状の内容は複雑ですから、訴状の要点を箇条書きにすると喜ばれます。

④　各社の記者の出勤時間はまちまちですが、発表は、なるべく午前10時頃から午後3時頃までにはするようにしますが、午後5時以降に発表する場合は、各社へ直接送信します。土曜・日曜・祝日に発表する必要がある場合は、各社へ直接送信します。

3　住民訴訟や取消訴訟を提起した場合

住民訴訟や取消訴訟を提起した場合は、一般に都道府県庁や市町村役場の記者クラブとは別の「司法記者クラブ」の記者が扱いますので、その電話番号やFAX番号の分からない場合は、都道府県庁の記者クラブで尋ねます。住民訴訟や取消訴訟の訴状を送信したい旨を伝えると番号を教えてくれます。司法記者クラブの記者は、一般に警察担当も兼務している場合が多いので、都道府県警察本部内の記者クラブにいる場合もあります。

司法記者クラブの場合も「幹事社」がありますので、幹事社へ発表資料を送信して各社へ写しを配付してくれるように依頼します。土曜・日曜・祝日に発表する必要がある場合は、各社へ直接FAX送信をすることとします。

住民訴訟や取消訴訟を提起した事実は映像になりにくいので、テレビ局はあまり放送しません。新聞に比べるとテレビのローカル放送時間は著しく短くて報道量が少ないので、報道されない場合が多いのです。筆者の経験でも、NHKの記者は「絵にならないから」と言って取材をしないことが度々ありました。税金同様の受信料で運営されるNHKの報道姿勢も監視して行く必要があります。

Q45 自治体からの情報収集は、どのようにするのですか

1　自治体（都道府県と市町村）から情報収集をする方法

　自治体（都道府県と市町村）から情報収集をする方法には、①電話をかけて聞く、②直接、出向いて聞く、③情報公開条例により公開請求をする、④個人情報保護条例により開示請求をする、⑤担当の相談窓口で資料を貰う、⑥自治体の内部規則によって資料の写しを請求する、⑦自治体の資料展示場所で閲覧する、⑧情報公開担当課職員を活用する、⑨地方議会の議員を通じて資料を貰うなどの方法がありますが、経験を積み重ねないと効率よく資料を収集することができません。例えば、筆者の経験では、①電話をかけて聞くと②直接、出向いて聞くとでは、①のほうが早く的確に情報収集ができます。かりに「直接、出向いて聞く」場合でも、電話で聞いた後に出向くこととします。

　自治体から継続して情報収集をして行くためには、最低限、まず次の資料を収集しておきます。これらの資料は毎年のように変わる場合がありますから、常に最新版を収集しておきます。

（1）　対象としたい各自治体の組織図（局・部・課・所などの名称の分かるもの）
（2）　各組織（局・部・課・所など）の仕事の内容の分かる資料（事務決裁規程など）
（3）　各組織（局・部・課・所など）の直通電話・内線番号・FAX番号の分かる資料
（4）　各地方議会の議員名簿（議会事務局で無料で交付される）

　次の資料は所在場所を調査しておいて、いつでも閲覧できることを確認しておきます。

（1）　各自治体の条例・規則・規程・内規などの所在場所
（2）　各組織（局・部・課・所など）の職員名簿の所在場所

2　自治体からの情報収集の技術・ノウハウの要点

　自治体からの情報収集の技術・ノウハウの要点は、次の通りです。

（1）　「電話をかけて聞く」という方法は、もっとも早く簡便に情報収集ができますが、次の注意が必要です。

① 電話をかける相手方は、調査をする事項を担当する課の課長を指定し、課長不在の場合は課長補佐を指定します。末端の職員が電話に出ると用件を聞いた後に電話をタライ回しされる場合があります。部長以上の者は実務を知らないので避けます。転勤直後の課長で分からないと答えた場合は、もっとも詳しい者に代わらせます。

② 「電話をかけて聞く」方法と「直接、出向いて聞く」方法では、筆者の経験では公務員は「電話をかけて聞く」方法のほうに親切に教えます。かりに「出向いて聞く」必要がある場合でも、事前に電話で詳しく尋ねた後に面接日時を予約して出向くことにします。電話で話した公務員の氏名は正確に日時とともに記録をしておきます。

③ 公務員によっては「何のために調べているのですか」という無駄な質問をする者がいますが、「勉強のため」と答えます。公務員は答えずに済む理由を探しているのですから、「著作のため」のような答えをすると「あなたの営業に協力できません」と断れる場合がありますから注意が必要です。

④ 電話で質問をする場合には、質問の要旨をあらかじめ箇条書きにして整理をしておきます。回答をメモできない場合は、録音をします。

(2) 「直接、出向いて聞く」という方法による場合は次の注意が必要です。

① 直接、出向いて聞く場合にも、必ず事前に担当者から概略を聞いた後に面接日時を予約して出向くことにします。予約なしに出向くと時間の無駄になります。

② 質問事項や調査事項が多い場合には、担当者に事前の調査や資料の準備をさせるために質問事項や調査事項を FAX 送信しておきます。不正の追及をする場合には、こちらの手の内を見せないような注意が必要です。

③ 相手方の説明を録音したい場合は承諾を得て録音をします。無理に録音はしないこととしますが、説明内容は、詳細にノートに記録します。

④ 相手方が説明に用いた資料は開示された資料ですから、その写し（コピー）の交付を依頼します。自治体によっては、写しが有料になる場合もありますが、少部数の場合は無料で交付を受けられる場合もあります。写しを一切交付しない場合は、その理由を尋ねておいて、後日、その理由について調査をします。

(3) 「情報公開条例により公開請求をする」方法はもっとも確実な方法ですが、次のような欠点もあります。
　① まず、時間がかかるという欠点があります。公開請求をした後、もっとも早い場合でも開示までに半月はかかり、通常は1カ月はかかります。開示・非開示を決定する時期を延長する場合もあります。これに対応するには、次々と情報公開請求を継続して行くことが大切です。
　② 情報公開条例を制定している自治体に限定されるという欠点があります。
　③ 自治体の行政庁（知事、市町村長その他）が都合の悪い文書を恣意的に非公開処分とした場合は事実上対応できないという欠点があります。
(4) その他の自治体からの情報収集の技術の要点は、次の通りです。
　① その自治体の開示されている資料の写しの交付に関する規則・規程類が存在するかどうかを確認します。規程類がある場合（有料の場合）は、それによって写しの交付を請求しますが、規程類のない場合（無料の場合）は事実上担当者ないし担当課長の判断によることとなります。その場合、写しの交付が受けられる場合は問題となりませんが、写しの交付を拒否した場合にはその資料の貸し出しが可能かどうかを確認します。
　② 自治体によっては資料の貸し出しの規程を作成している場合が多いので、その規程類を調査しておきます。情報公開担当課で管理している行政資料は一般に貸し出しをしていますが、各課で貸し出しをしている場合もあります。

Q46 オンブズ団体の結成は、どのようにするのですか

1 オンブズ活動

　オンブズ活動は、本来、ひとりでできるものですから、団体を結成する必要はありせんが、地方自治法第242条に規定する住民監査請求の請求人や同法第242条の2に規定する住民訴訟の原告になる場合には、複数の者がいるほうが便利な場合があります。

　オンブズ活動団体は全国各地に多数存在し、その組織や会則にも多様なものがありますが、多様な思想信条の持ち主により構成される団体ですから、ほとんどの団体では強い規制をしないのが通常です。ただ、議員は会員になれないという会則も存在します。

　オンブズ活動団体の中にはＮＰＯ法人（特定非営利活動促進法にもとづく特定非営利活動法人）として法人格を得ているものもありますが、不動産（土地建物）や多額の財産を有しない場合は法人格を得ても単に手数がかかるだけの無駄になります。法人とならない場合（法人格のない社団・財団）でも、代表者または管理人の定めのあるものは、その名において訴え、または訴えられることができます（民事訴訟法第29条）。従って、法人でないオンブズ活動団体でも、行政文書の非公開処分の取消訴訟の原告となることもできるのです。

　全国のオンブズ活動団体で構成する「全国市民オンブズマン連絡会議」のホームページでも加入団体の名称などを見ることができます。ホームページは次の通りです。

　http://www.ombudsman.jp/

　全国市民オンブズマン連絡会議の事務局は、〒460-0002　名古屋市中区丸の内3-6-41 リブビル6F　弁護士法人リブレ内（電話 052-953-8052）となっています。

2 オンブズ活動団体を結成した場合

　オンブズ活動団体を結成した場合でも、会計処理が面倒になりますから、次例のように寄付金（カンパ）のみによって活動することも考えられます。会則

を作る場合も、なるべく会員を規制しない次例のような会則があります。

□□市民オンブズマン会則

（名称）
第1条　本会は、□□市民オンブズマンと称する。
（目的）
第2条　本会は、国の機関、地方公共団体の機関その他の公共的団体に関する不正または不当な行為を監視し、これを是正する市民オンブズマン活動を行うことを目的とする。
（会員）
第3条　本会は、前条の目的に賛同する個人および団体によって構成する。
　2　会員は、本会を特定の党派的活動および営利の目的に利用してはならない。
（役員）
第4条　本会には、次の役員を置く。
　　(1)　幹事
　　(2)　代表幹事
　　(3)　顧問
　2　幹事は会員の互選により選任する。代表幹事は幹事の互選により選任する。
　3　幹事および代表幹事の任期は2年とし、再任を妨げない。顧問の任期は代表幹事の委嘱した期間とする。
（事務局）
第5条　本会の事務局は、□□市に置く。
（会計）
第6条　本会の経費は、寄付金（カンパ）をもってあてる。
附則
この会則は、平成〇年〇月〇日から施行する。

巻末資料●

巻末資料 1
国家賠償請求訴訟（1）

訴　状

平成○年○月○日

○○簡易裁判所　御中

原告　　○○○○　（印）

〒000-0000　○県○市○町○丁目○番○号（送達場所）
　　　　　　原告　　　○○○○
　　　　　　（電話 000-000-0000）

〒000-0000　○県○市○町○丁目○番○号
　　　　　　被告　　　○○市
　　　　　　　上記代表者市長　○○○○

国家賠償請求事件
訴訟物の価額　　金1円
貼用印紙額　　　金1,000円

第1　請求の趣旨
　1　被告は、原告に対し、金1円を支払え。
　2　訴訟費用は被告の負担とする。

第2　請求の原因
　1　被告○○市の○○市情報公開条例（甲第1号証）では、同条例第2条第1項に規定する実施機関（行政庁）たる○○市長の行政処分に対して、行政不服審査法（昭和37年法律第160号）に基づく不服申立があった場合は、実施機関は、同条例第18条の規定に基づき○○市情報公開審査会に諮問をしなければならず、当該諮問に対する答申を得て行政不服審査法に基づく不服申立に対する決定又は裁決を行うこととされているのである。実施機関たる行政庁は、

同条例に規定する答申を得た後に行政不服審査法第47条に規定する決定又は同法第40条に規定する裁決を行う義務があるのである。ただ、同条例第18条には、「当該不服申立てに対する裁決または決定をすべき実施機関」と規定しているが、現在は、同法第40条に規定する裁決をすべき実施機関は存在しない。

　実施機関（行政庁）たる○○市長は、同条例第20条第1項の規定により設置された○○市情報公開審査会から平成○年○月○日に提出された2件の答申を違法に無視し、同日から2年1カ月余を経過した現在に至っても、原告に対する適法な行政処分（全部公開、一部公開、全部非公開のいずれかの行政処分）をなさず違法な不作為を継続しているのである。本件訴訟に係る行政庁の違法な不作為の期間は平成○年○月○日から本件訴状送達日までの間である。

　2　本件訴訟は、言うまでもなく、貴重な市民の税金（公金）から多額の慰謝料を取ろうとする国家賠償請求訴訟ではなく、勝訴判決を得ることによって、本件行政庁（○○市長）の違法な不作為を改めさせることが目的である。

　金1円の損害賠償請求額は、日本国憲法の保障する国民の最も基本的な権利である「知る権利」が人権保障の基本であることを経済価値の基本である円の象徴的金額として請求するものである。

　3　情報の開示こそが、民主主義が機能するための不可欠の要素である。アメリカ合衆国憲法の起草者の一人であり「アメリカ憲法の父」と呼ばれるジェームズ・マディソンの次の言葉は、情報開示の基本理念を示したものである。

　　「人民が情報を持たず、情報を入手する手段を持たないような人民の政府というものは、喜劇への序章か悲劇への序章か、あるいは、おそらく両方への序章に過ぎない。知識を持つ者が無知な者を永久に支配する。そして、自らの支配者であらんとする人民は、知識が与える権力でもって自らを武装しなければならない。」

　4　被告の行政庁（○○市長）は、平成○年○月○日に○○市情報公開審査会の2件の答申を受けてから本件訴え提起時点までに既に2年1カ月余も経過しているのに、未だに原告に対して適法な行政処分を怠っているのである。甲第1号証の条例に基づく○○市情報公開審査会は、同条例第2条第1項に規定する実施機関たる○○市長に対して、平成○年○月○日付○○審答申第7号文書（甲第2号証）及び同日付○○審答申第8号文書（甲第3号証）により同条例に基づく行政文書の非公開処分のうち次の部分の非公開処分を取消し公開すべきであるとする答申が提出されているにもかかわらず、被告の行政庁は、同条

例及び行政不服審査法の各規定に基づき答申を受けて行政処分（全部公開、一部公開、全部非公開のいずれかの行政処分）を行う法的義務があるのに故意に2年1カ月余も原告に対する行政処分を違法に怠っているのである。

(1)　平成○年○月○日付○○審答申第7号文書（甲第2号証）により非公開処分を取消し公開すべきであるとした部分は、○○市食肉センターに係る漁業損失補償に関する「自治会の所在地および自治会長の氏名、立会人の肩書、氏名および印影、完了した周辺環境整備事業の名称、漁業協同組合の所在地、代表者の氏名および組合員数、漁業権の名称、漁業損失補償の内容および漁業補償額」の部分である。

(2)　平成○年○月○日付○○審答申第8号文書（甲第3号証）により非公開処分を取消し公開すべきであるとした部分は、○○市の東部下水処理場及び福岡下水処理場に係る漁業損失補償に関する「漁業協同組合の名称、所在地、代表者の氏名、漁業権の名称および漁業補償額」の部分である。

5　被告の実施機関（行政庁）は、かつて○○市情報公開審査会の答申に従わなかった前例はなく、答申を受けた後、おおむね1カ月以内ないし2カ月以内には不服申立人に対して審査会の答申の結論に従って開示を実施してきたのである。しかるに、平成○年○月○日付○○審答申第7号文書（甲第2号証）による答申及び平成○年○月○日付○○審答申第8号文書（甲第3号証）による答申についてのみ、被告の実施機関（行政庁）は、故意に恣意的に不服申立人たる原告に対して、適法に行政処分を行うことを怠り、違法な不作為状態が既に2年1カ月余も継続しているのである。

被告の実施機関（行政庁）の○○市情報公開審査会の答申に対する従来からの態度は、「行政にとって都合の良い答申には従うが、行政にとって都合の悪い答申には従わない。」といった恣意的な態度を取った前例はなく、すべて同審査会の答申に従って開示を実施してきたのである。被告の実施機関（行政庁）には○○市情報審査会の答申に必ず従うべき法的義務はないものの、若し仮に「行政にとって都合の良い答申には従うが、行政にとって都合の悪い答申には従わない。」という態度を行政庁が取ると仮定すると、○○市情報公開条例に基づき設置した○○市情報公開審査会が無意味なものとなり、同条例の趣旨を没却することになるのである。

6　○○市情報公開条例自体には審査会の答申を受けた後の行政処分の期限についての規定はないものの、行政不服審査法の「簡易迅速な手続」の要請か

ら、相当期間経過後は、行政庁の不作為による不法行為を構成するというべきである。「相当期間」か否かは、裁判所の判断に待つべきものであるが、同条例第1条の目的や同条例の制定の趣旨から、同条例第12条第1項及び同条第2項に規定する期間に準ずる期間が「相当期間」の判断基準となるべきものである。被告の行政庁は、その職務を行うについて相当期間内に行政処分をすべき法的義務があるにもかかわらず、これを違法に怠っているのである。国家賠償法第1条第1項の規定の「その職務を行うについて」の中には、作為のほか不作為も含まれることは当然である。

7　被告の行政庁は、故意による不作為（職務怠慢）によって原告に対して多大の精神的苦痛を与えたのである。原告は、平成○年○月から行政監視を目的とする市民グループ「市民オンブズ○○」の事務局長の地位にある者であるが、本件答申に基づく開示決定を長年待ちわびており、被告の情報公開担当窓口職員（情報公開コーナー担当職員）にも数十回にも亘って直ちに開示決定をするように催促を続けてきたのである。

被告の公務員が故意に恣意的に原告に対してだけ、過去に前例もないのに、答申を受けた後2年余も行政処分をしないことにより原告は多大の精神的苦痛を受けたのであって、この精神的損害は、金銭に換算すると金1円を下らないことは言うまでもない。本件損害賠償請求訴訟の対象は、本件不作為が1年余継続した平成○年○月○日から本件訴状送達日までの間の精神的苦痛に対する慰謝料の請求である。原告の本件精神的損害と被告の行政庁の故意による不作為（職務怠慢）とは相当因果関係があることも言うまでもないことである。

8　よって、原告は、被告に対し、国家賠償法第1条第1項の規定に基づき請求の趣旨記載の金員の支払いを求めるものである。

証拠方法

1	甲第1号証	○○市情報公開条例写し
2	甲第2号証	平成○年○月○日付○○審答申第7号文書写し
3	甲第3号証	平成○年○月○日付○○審答申第8号文書写し

附属書類

1	訴状副本	1通	
2	甲号証写し	各2通	以上

巻末資料2
国家賠償請求訴訟 (2)

訴　　状

平成○年○月○日

○○簡易裁判所　御中

原告　　○○○○　（印）

〒000-0000　○県○郡○町大字○○ 5678番地（送達場所）
原告　　○○○○
（携帯電話 090-0000-0000）

〒000-0000　○県○市○町○丁目○番○号
被告　　○○県
上記代表者知事　　○○○○

国家賠償請求事件
　訴訟物の価額　　金10万円
　貼用印紙額　　　金1,000円

第1　請求の趣旨
　1　被告は、原告に対し、金10万円及びこれに対する本件訴状送達の翌日から支払済に至るまで年5分の割合による金員を支払え。
　2　訴訟費用は被告の負担とする。
　3　仮執行宣言

第2　請求の原因
　1　被告の○○県○○土地改良事務所（平成○年4月1日組織改正により現在の名称は○○県○○土地改良事務所）の職員は、平成○年○月○日頃、原告を誹謗中傷し原告の名誉及び信用を毀損する内容虚偽の公文書（甲第1号証）を作成して、当該公文書を○県○郡○町大字○○ 1234番地所在の○○郡○○土地

改良区の理事長○○○に送付し、原告の名誉及び信用を毀損して原告に対して多大の精神的苦痛を与えた。

　２　被告の○○県○○土地改良事務所（平成○年４月１日組織改正により現在の名称は○○県○○土地改良事務所）の職員は、平成○年○月○日頃、原告が○○県情報公開条例の規定に基づき○○県○○土地改良事務所長に対して○○郡○○土地改良区の平成○年○月○日開催の通常総代会の議事録の公開請求をした事実に関する個人情報や原告に対して一部非公開にした情報を○○郡○○土地改良区の理事長○○○に対して漏洩し（甲第２号証の３頁）、地方公務員法第34条の公務員の守秘義務の規定に違反して、原告に対して憲法第13条に保障する基本的人権たる個人のプライバシーの権利を侵害したのである。被告の公務員の本件行為は、地方公務員法第34条に規定する公務員の守秘義務に違反するほか、憲法第13条に保障される個人のプライバシーの権利を侵害する違法行為であり、かつ○○県個人情報保護条例第○条にも違反する違法行為であり、被告の公務員の本件行為により、原告は多大の精神的苦痛を受けたのである。

　３　被告の公務員の故意又は過失による前記第２の１及び２の各行為により、原告は多大の精神的苦痛を受けたのであって、この精神的損害は、金銭に換算すると金10万円を下らない。原告の本件精神的損害と被告の公務員の故意又は過失による各違法行為とは、相当因果関係があることは言うまでもない。

　４　よって、原告は、被告に対し、国家賠償法第１条第１項の規定に基づき請求の趣旨記載の金員の支払を求める。

証拠方法

１　甲第１号証　被告の公務員が平成○年○月○日頃に作成した「○○土地改良区地区内の工事に対する（国営農地防災事業所関係）苦情について」と題する公文書の写し（○○郡○○土地改良区理事長○○○らが○○地方裁判所に提出した別事件の乙第○号証の４)

２　甲第２号証　○○郡○○土地改良区理事長○○○らが○○地方裁判所に提出した別事件の平成○年○月○日付答弁書の○頁及び○頁

附属書類

１	訴状副本	１通	
２	甲号証写し	各２通	以上

巻末資料 3
控訴理由書の書き方マニュアル

1　控訴理由書の作り方は、準備書面の作り方と同様にしますが、提出に際しては次の点に注意します。

(1)　控訴状は、判決書の正本の送達を受けた日から2週間以内に第一審裁判所に提出する必要がありますが、控訴状に第一審判決の取消または変更を求める事由（控訴理由）の具体的な記載をしなかった場合には、控訴人は、控訴の提起後（控訴状提出後）50日以内に控訴理由を記載した書面（控訴理由書）を控訴裁判所（一審が地方裁判所の場合は高等裁判所）に提出する必要があります（民事訴訟規則第182条）。

(2)　実務上は、第一審裁判所に提出した控訴状が控訴裁判所に到着した時に控訴裁判所の書記官から控訴記録が到着した旨の通知文書が送付されますから、その通知文書に記載されている第二審の事件番号を控訴理由書に記載して指定された期限（控訴提起後50日以内）までに控訴理由書（第一審判決の取消または変更を求める事由を具体的に記載した書面）を提出します。提出部数は、控訴状の部数と同じです。

(3)　控訴理由書を提出する際には、できる限り、新たな書証の提出や証人申請（証拠申出書の提出）も同時にするようにします。第二審に新たに提出する書証の番号は第一審の書証の番号の続きの番号を付します。例えば、原告の場合に第一審が甲第20号証までの場合は甲第21号証以降の番号を付します。書証を提出する場合は、第一審の場合と同様に証拠説明書も提出します。

(4)　控訴理由書に記載する控訴理由では、原判決（第一審判決）の主文を導く理論的過程を示す判決理由が誤りであるとする理由を記載します。控訴審では、第一審判決の事実認定の誤りと法律の解釈適用の誤りの両方を審理することになりますから、事実面と法律面の両方の誤りを指摘します。判決書の判決理由には、判決の主文の結論が得られるまでの理論的過程が示される必要がありますが、控訴理由では、その理論的過程の誤りや法律の解釈適用の誤りを指摘する必要があるのです。

2　控訴理由書には、第一審判決の取消または変更を求める事由を具体的に記載する必要がありますから、次例のように原判決（第一審判決）のどこが、どのように誤っているのかを具体的に指摘し、その理由を明記する必要があります。第二審（控訴審）では、上述の通り、①事実認定の誤りと②法律の解釈・適用の誤りの事実面と法律面の両方について審理をしますから、原判決中の両方の誤りを指摘します。

(1)　原判決では、その主文2において「……」としているが、以下に述べる通り、その事実認定及び民法第〇〇〇条の……に関する法律の解釈適用に重大な誤りを犯しているので、原判決は取り消されるべきである。

(2)　原判決（12頁の3行目から5行目）では、「……」と断定するが、何らの証拠も根拠もない恣意的な独断に基づく誤った判決である。

(3)　原判決には、以下に詳細に述べる通り、……についての事実認定（及び法律の解釈）に重大な誤りがあるので、原判決は取り消されるべきである。

(4)　原判決（13頁の4行目から6行目）では、「……」と断定しているが、何故、「……」となるのかの理由も示さない理由不備の違法な判決である。

(5)　原判決（14頁の5行目から7行目）では、「……」と述べているが、原判決の裁判官は、一審原告の被る「損害」について何らの審理もせずに、実現不可能な原判決をしたのである。原判決は、審理不尽の違法な判決である。

(6)　原判決（15頁の1行目から3行目）では、「……」と断定しているが、裁判官〇〇〇〇の予断と偏見と独断に基づいた誤った違法な判決である。けだし、……だからである。

(7)　原判決の第3の1の1では、原判決の引用する……に係る判例の事案と本件訴訟に係る事案が同様の事案であるとの誤った「前提」で判断をしているが、原判決の引用する判例の事案と本件訴訟事案とは全く異なり、原判決の引用する判例と本件訴訟事案とは無関係なのである。

(8)　原判決（16頁の2行目から4行目）では、「……」とするが、理由不備、理由齟齬、審理不尽、経験則違反の違法な判決である。けだし、……だからである。

(9)　原判決（17頁の1行目から3行目）の「……」とする事実認定は誤りである。即ち、……なのである。

(10)　原判決の第3の2の(2)にいう「……」と「……」とは無関係であり、見当外れの違法な判決理由である。

⑾　若し仮に、原判決の第3の3の(1)にいう原判決の理屈に従うと仮定すると、……となってしまうことになり、その結論が著しく不合理であることは言うまでもない。

⑿　原判決の第3の3の(2)にいう……とする証拠は存在しないのである。原判決のこの事実認定は、証拠に基づかない本件裁判官の予断と偏見と独断に基づいた思い込みにしか過ぎないのである。

⒀　裁判官のいわゆる自由心証主義は、決して裁判官の恣意を許したものではなく、裁判官の判断は、論理則と経験則に従った合理的なものでなければならないのである。原判決の第3の4の(1)の……とする事実認定には、経験則違反の違法があることは明白である。

⒁　原判決の第3の4の(2)にいう「……」には、法令の解釈に誤りがある。即ち、……なのである。

⒂　原判決の第3の4の(3)には「……」と断定するが、すべて誤りである。その理由は、……だからである。

⒃　原判決の第3の4の(4)には何らの証拠もないのに「……」とするが、その前提とする事実認定そのものに重大な誤りを犯しているのである。

⒄　原判決の第3の4の(5)には何らの証拠もないのに「……」とした事実認定を前提としたので、すべての結論を誤ったのである。

⒅　原判決の第3の4の(6)には「……」とするが、虚偽の事実を前提として誤った判断をしたものである。

⒆　原判決の第3の4の(6)には「……」と断定するが、「……」と断定する証拠は存在しないのである。

⒇　以上のいずれの点からも原判決は明らかに違法な判決であり、取り消されるべきものである。

巻末資料 4
上告理由書と上告受理申立理由書の書き方マニュアル

1　上告理由書と上告受理申立理由書の作り方は、準備書面の作り方と同様にしますが、提出に際しては次の点に注意します。

(1)　上告状も上告受理申立書も、第二審判決の判決書の正本の送達を受けた日から2週間以内に第二審裁判所に提出する必要がありますが、上告状や上告受理申立書に第二審判決（原判決）の取消または変更を求める事由（上告理由や上告受理申立理由）の具体的な記載をしなかった場合には、上告人または上告受理申立人は、第二審裁判所からの「上告提起通知書」または「上告受理申立通知書」の送達を受けた日から50日以内に「上告理由書」や「上告受理申立理由書」を第二審裁判所へ提出する必要があります（民事訴訟規則第194条・第199条第2項）。

(2)　実務上は、上告状または上告受理申立書（兼ねる場合は書面の表題を「上告状兼上告受理申立書」とする）を第二審裁判所（一審が地方裁判所の場合は高等裁判所）に提出した後、第二審裁判所の書記官から「上告提起通知書」または「上告受理申立通知書」の送達を受けた日から50日以内に第二審裁判所に上告理由書や上告受理申立理由書を提出します。上告と上告受理申立とは、法律上の根拠が異なりますから、両方の理由書を兼ねることはできません。各理由書が法律上の根拠に合致しない場合は、却下（門前払い）とされますから注意します。各提出部数は、原本1通のほか、被上告人または相手方の数に6を加えた数の副本（正本と同じもの）を添付します。

(3)　上告の理由は、次のいずれかの理由がある場合に限られています（民事訴訟法第312条）。

① 　原判決（第二審判決）に憲法の解釈の誤りがあることその他憲法の違反があることを理由とする場合

② 　原判決（第二審判決）に理由を付せず、または理由に食い違いがあることを理由とする場合（理由不備、理由齟齬）

③ 　民事訴訟法第312条第2項の理由に該当する場合

④ 　高等裁判所にする上告（一審が簡易裁判所の場合）では、原判決（第二審判決）に影響を及ぼすことが明らかな法令の違反があることを理由と

する場合
(4) 上告受理申立の理由は、次のいずれかの理由がある場合に限られています（民事訴訟法第318条）。
　① 上告をすべき裁判所が最高裁判所である場合に、原判決（第二審判決）に最高裁判所の判例（これがない場合は大審院または上告裁判所もしくは控訴裁判所である高等裁判所の判例）と相反する判断があることを理由とする場合
　② 上告をすべき裁判所が最高裁判所である場合に、原判決（第二審判決）にその他の法令の解釈に関する重要な事項を含むことを理由とする場合
　　上告の理由（①憲法の解釈の誤りがあることその他憲法の違反があること、②理由不備・理由齟齬その他の民事訴訟法第312条第2項の上告理由）は、上告受理申立の理由とすることはできません（民事訴訟法第318条第2項）。
(5) 上告理由書には、次の要領で、具体的に記載します（民事訴訟法第315条第2項、民事訴訟規則第190条・第192条・第193条）。
　① 原判決（第二審判決）に憲法の解釈の誤りがあることその他憲法の違反があることを理由とする場合には、憲法の条項を記載して憲法に違反する事由を記載します。この場合において、その事由が訴訟手続に関するものであるときは、憲法に違反する事実を記載します。
　② 原判決（第二審判決）に民事訴訟法第312条第2項各号に掲げる事由（法律に従って判決裁判所を構成しなかったこと、その他）があることを理由とする場合には、その条項とそれに該当する事実を記載します。
　③ 上の①と②の場合に原判決（第二審判決）が最高裁判所の判例（これがない場合は大審院または上告裁判所もしくは控訴裁判所である高等裁判所の判例）と相反する判断をしたと主張する場合には、その判例を具体的に示す必要があります。例えば、判例の掲載されている判例集の巻号頁などを記載します。
(6) 上告受理申立理由書には、次の要領で具体的に記載します（民事訴訟法第318条第5項・第315条第2項、民事訴訟規則第199条・第191条第2項第3項・第192条・第193条）。
　① 原判決（第二審判決）に最高裁判所の判例（これがない場合は大審院または上告裁判所もしくは控訴裁判所である高等裁判所の判例）と相反する判断があること、その他の法令の解釈に関する重要な事項を含むことを示

して具体的に記載します。
② 法令を示す場合には、その法令の条項または内容を記載する必要がありますが、その法令が訴訟手続に関するものである場合は、これに違反する事実も記載します。
③ 上の①の場合に原判決（第二審判決）が最高裁判所の判例（これがない場合は大審院または上告裁判所もしくは控訴裁判所である高等裁判所の判例）と相反する判断をしたと主張する場合には、その判例を具体的に示す必要があります。例えば、判例の掲載されている判例集の巻号頁などを記載します。

(7) 以上のように上告理由や上告受理申立理由は制限されており、法律面の審理しか行われず、事実面の事実認定の誤りは審理の対象とはなりません。従って、上告棄却の最高裁判所の定型的な例文判決の判決理由には次のような記載がよく見られます。

「所論の点に関する原審の認定判断は、原判決挙示の証拠関係に照らし、正当として是認することができ、その過程に所論の違法はない。論旨は、原審の専権に属する証拠の取捨判断、事実の認定を非難するか、又は独自の見解に立って原判決を論難するものに過ぎず、採用することができない」

最高裁判所（上告審）は、原判決において適法に確定した事実に拘束され、これと異なる事実を認定することはできないとされています（民事訴訟法第321条第1項）。しかし、それはあくまでも、事実審（原判決）が「適法に確定した事実」に拘束されるのであって、事実審（原判決）が違法に確定した事実にまで拘束されるのではありません。例えば、原判決が虚無の証拠によって事実を認定したり、経験上あり得ない事実を認めているような場合は、結局、原判決は誤判に過ぎないので、事件を原審に差し戻して適法な事実確定のための審理をさせることになります。

2 上告理由書では、①原判決（第二審判決）に憲法の解釈の誤りがあることその他憲法の違反があること、②原判決（第二審判決）に理由を付せず、または理由に食い違いがあること（理由不備、理由齟齬）が次のように上告の主な理由となります（民事訴訟法第312条第1項・第2項6号）。

(1) 原判決には、以下に述べる通り、憲法の解釈の誤りがあり、かつ、民事訴訟法第312条第2項に規定する重大な手続法違反がある。

(2) 原判決には、憲法の解釈の誤りがある。即ち、原判決（第3の2の(1)）は、「……」としているが、原判決は、国民の法律に基づいて裁判を受ける権利を保障した憲法第32条に違反するものである。
(3) 原判決には、以下に述べる通り、理由不備、理由齟齬、審理不尽、経験則違反の各違法があるので、原判決は破棄されるべきものである。
(4) 原判決では、第3の2の(2)において「……」と結論付けているが、その理由を示さない理由不備の違法があるものというべきである。
(5) 原判決では、第3の2の(3)において「……」としているが、原判決には、以下に述べる通り、理由不備、理由齟齬、審理不尽、経験則違反、論理法則違反、採証法則違反の各違法があり、原判決は、重大な誤りを犯しているのである。
（注）判決には理由を付することが要求されますから、理由不備や理由齟齬（理由の食い違い）は上告理由となります。理由不備とは、理由が全く付されていない場合のほか、判決主文の根拠となる理由付けが不足している場合も含みます。理由齟齬とは、理由としての論理的一貫性を欠き、判決主文の判断を正当化するに足りない場合をいいます。しかし、理由不備・理由齟齬が実質的には原判決の事実認定を攻撃するために主張される場合もありますが、事実認定は原審の専権に属するものですから、上告審では、認定された事実が判決主文の論理的前提となり得るか、認定された事実相互間に矛盾が存在しないかどうかの限度で理由不備・理由齟齬を判断することになります。審理不尽、経験則違反、論理法則違反、採証法則違反、証拠に基づかない事実認定は理由不備や理由齟齬を意味する場合にも用いられます。経験則違反、論理法則違反、採証法則違反、証拠に基づかない事実認定は自由心証主義に違反したものとして法令違反の意味でも用いられます。審理不尽は独立した上告理由になりません。
(6) 原判決には、憲法第21条第1項違反があり、以下に述べる通り、これが判決に影響を及ぼしているため、原判決は破棄されるべきである。
(7) 原判決は、何故、AがBと同様であると断定するのか不明であり、理由不備、理由齟齬な違法な判決である。
(8) 原判決は、理由不備ないし理由齟齬の違法な判決であり、本件裁判官の「結論先にありき」の予断と偏見と独断に基づいた経験則違反の恣意的な非常識極まりない違法な判決である。

(9) 最高裁判所の上告審は、原審が「適法に」確定した事実に拘束され、これと異なる事実認定をすることはできないが、それは、あくまでも「原判決において適法に確定した事実」に拘束されるのであって（民事訴訟法第321条第1項）、原審が「違法に」確定した事実にまで拘束されることはないのである。上告審が法律審であると言っても、原審が虚偽の証拠によって事実を認定したり、本件訴訟の場合のような論理法則・経験則に反する事実を認めているような場合は、事件を原審に差し戻して適法な審理をさせる必要があるのである。最高裁判所の上告審は、事実審理を行うことはできないが、誤った事実を「前提」にして法律論を述べても無駄であるから、事件の最終決着を図る最高裁判所としては、事実に対する法律適用を考える前に、先ず、原審の事実認定そのものが「適法に」なされているか否かを検討する必要があるのである。

(10) 以上の各理由により、原判決は、破棄されるべきものである

(11) 以上、いずれの点よりするも、原判決は違法であり、原判決は破棄されるべきである。

(12) 上告裁判所が高等裁判所の場合は、次のような「判決に影響を及ぼすことが明らかな法令の違反があること」も理由とすることができます。

　(a) 原判決には、以下に述べる通り、憲法の解釈の誤りがあり、かつ、判決に影響を及ぼすことが明らかな法令の違反があるので、原判決は、破棄されるべきである。

　(b) 原判決には、以下に述べる通り、判決に影響を及ぼすことが明らかな重要事項について判断を遺脱した違法がある。

　(c) 原判決には、以下に述べる通り、判決に影響を及ぼすことが明らかな重要事項について理由に齟齬がある。

3　上告受理申立理由書では、①原判決（第二審判決）に最高裁判所の判例（これがない場合は大審院または上告裁判所もしくは控訴裁判所である高等裁判所の判例）と相反する判断があること、②その他の法令の解釈に関する重要な事項を含むことを示して具体的に記載します（民事訴訟法第318条第5項・第315条第2項、民事訴訟規則第199条・第191条第2項第3項・第192条・第193条）。

　(1) 原判決には、以下に述べる通り、法令の解釈に関する重要な事項についての重大な誤りがあり、かつ、最高裁判所の判例と相反する判断があるこ

とは明白である。

(2) 原判決（第3の2の(1)）は、「……」としているが、原判決は、行政不服審査法第47条の規定の解釈に関する重大な誤りを犯しているのである。

(3) 原判決（第3の2の(2)）は、一審判決の引用する「……」に係る最高裁判所判例（平成〇年〇月〇日最高裁第二小法廷判決）の事案と本件訴訟事案とは異ならないと判断しているが、以下に述べる通り、同最高裁判例と相反する判断をしているのである。

(4) 原判決の引用する一審判決（12頁3行目から9行目）では、以下に述べる通り、民事訴訟法第114条の判決の既判力、行政事件訴訟法第33条に規定する拘束力、行政不服審査法第1条第1項の各法令の解釈に関する重要な事項について重大な誤りを犯しているのである。

(5) 原判決（第3の2の(3)）では、「……」としているが、「……」についての裁判所の判断が示されたことはなく、このことは民事訴訟法第318条第1項にいう「法令の解釈に関する重要な事項を含むもの」であり、この点について裁判所の的確な判断がなされる必要があるのである。

(6) 原判決は、……を適法と判断するものであるが、原判決は、最高裁判所平成6年2月8日第三小法廷判決（民集48巻2号、判例時報1488号3頁）と相反する判断をしたうえ、更に本件情報公開条例の解釈に関する重要な誤りのある違法な判決であり、経験則違反の違法な判決である。

(7) 原判決（第3の2の(4)）では、「……」としたが、その解釈は、最高裁判所平成9年9月9日第三小法廷判決（民集51巻8号3804頁）が示した区別基準の解釈を誤っており、論理の飛躍も甚だしい。即ち、……

(8) 原判決は、〇〇県情報公開条例（以下「本件公開条例」という。）の解釈を誤ったものであり、法令の解釈に関する重要な事項を含むものであるから、上告受理を申し立てるものである。

(9) 原判決の法令の解釈は、以下に述べる通り、重大な誤りを犯しているのである。

(10) 以上の各理由により原判決の違法は明白であり、よって、原判決は破棄されるべきである。

以上

[著者略歴]

矢野　輝雄（やの　てるお）

1960年、NHK（日本放送協会）入局。番組編成、番組制作、著作権、工業所有権のライセンス契約などを担当。元NHKマネージング・ディレクター。元NHK文化センター講師。現在、矢野行政書士社会保険労務士事務所長、市民オンブズ香川・事務局長

主な著書：『絶対に訴えてやる！』『行政監視・本人訴訟マニュアル』『「逮捕・起訴」対策ガイド』『欠陥住宅被害・対応マニュアル』『自動車事故・対応マニュアル』（以上、緑風出版）、『わかりやすい特許ライセンス契約の実務』『そこが知りたい！知的財産権』（以上、オーム社）、『あなたのための法律相談＜相続・遺言＞』『あなたのための法律相談＜離婚＞』（以上、新水社）、『市民オンブズ活動と議員のための行政法』（公人の友社）、『家裁利用術』（リベルタ出版）ほか

連絡先　矢野事務所　電話 087-834-3808 ／ FAX 087-835-1405

ひとりでできる行政監視マニュアル

2005年5月31日　初版第1刷発行　　　　　　　　　定価2200円＋税

著　者　矢野輝雄 ©
発行者　高須次郎
発行所　緑風出版
　　　〒113-0033　東京都文京区本郷2-17-5　ツイン壱岐坂
　　　〔電話〕03-3812-9420〔FAX〕03-3812-7262
　　　〔E-mail〕info@ryokufu.com
　　　〔URL〕http://www.ryokufu.com
　　　〔郵便振替〕00100-9-30776

装　幀　堀内朝彦
写　植　R企画　　　　　印　刷　モリモト印刷・巣鴨美術印刷
製　本　トキワ製本所　　用　紙　大宝紙業
〈検印・廃止〉落丁・乱丁はお取り替えいたします。　　　　　　　E2,000

本書の無断複写（コピー）は著作権法上の例外を除き禁じられています。なお、複写など著作物の利用などのお問い合わせは日本出版著作権協会（03-3812-9424）までお願いいたします。
ISBN4-8461-0508-3　C0032　　　　　　©Teruo Yano, 2004 Printed in Japan

JPCA 日本出版著作権協会
　　　　http://www.e-jpca.com/

＊本書は日本出版著作権協会（JPCA）が委託管理する著作物です。
　本書の無断複写などは著作権法上での例外を除き禁じられています。複写（コピー）・複製、その他著作物の利用については事前に日本出版著作権協会（電話03-3812-9424, e-mail:info@e-jpca.com）の許諾を得てください。

◎緑風出版の本

■全国のどの書店でもご購入いただけます。
■店頭にない場合は、なるべく書店を通じてご注文ください。
■表示価格には消費税が加算されます。

「逮捕・起訴」対策ガイド
市民のための刑事手続法入門
矢野輝雄著
A5判並製 二〇八頁 2000円

万一、あなたや家族が犯人扱いされたり、犯人となってしまった場合、どうすればよいのか？ 本書はそういう人たちのために、逮捕から起訴、そして裁判から万一の服役までで刑事手続法の一切を、あなたの立場に立って易しく解説。

行政監視 本人訴訟マニュアル
矢野輝雄著
四六判並製 二六四頁 1800円

カラ出張、カラ接待といったあの手この手の公金不正支出から贈収賄と、役人の不正は止まるところを知らない。こうした輩をやっつけるために、市民がひとりでもできる行政監視の方法やカネのかからない訴訟の方法を解説。

絶対に訴えてやる！
訴えるための知識とノウハウ
矢野輝雄著
A5判並製 一八八頁 1900円

「絶対に訴えてやる！」と思った時一人で裁判にもちこむことも可能だ。本書は、民事訴訟、家事事件や告訴、告発までの必要な理論と書式、手続をわかりやすく解説すると共に、マニュアルとしてそのまま利用可能。手許に置くべき1冊だ。

欠陥住宅被害・対応マニュアル
矢野輝雄著
A5判並製 一七六頁 1900円

欠陥住宅に泣く人は後を絶たない。その上、原因究明や解決となると、時間や費用がかかり、極めて困難だ。本書は一級建築士らが、建築の素人である一般市民でも闘えるように、業者に対抗する知識とノウハウを解説。

自動車事故・対応マニュアル
矢野輝雄著
A5判並製 一八八頁 1900円

交通事故による死傷者数は一〇〇万人を超え、検挙者数も増大している。本書は、被害者、加害者双方の立場から、交通事故や保険の基礎知識の他、事故発生時から損害賠償の最終的解決に至るまでのすべての対応を詳しく解説。